LAÏCUSVIRUS

La famille chrétienne face au défi
de la « nouvelle norme »

LAÏCUSVIRUS

La famille chrétienne face au défi de la « nouvelle norme »

FRANCIS FOUCACHON

HéritageHuguenot.fr

Laïcusvirus : La famille chrétienne face au défi de la « nouvelle norme »
Francis Foucachon

Avant-propos, Dr Peter Jones
Préface, Daniel Foucachon

Coédité par

Héritage Huguenot
3200 Foothill Road, Moscow, Idaho 83843 USA
HeritageHuguenot.fr
et
Roman Roads Press
121 E 3rd St., Moscow, Idaho 83843 USA
RomanRoadsPress.com
info@romanroadsmedia.com

© Francis Foucachon, 2022.

Couverture et illustration : Joey Nance / Horrible Design - horribledesign.com
Mise en page : Carissa Hale

Sauf indication contraire, les citations bibliques sont tirées de la Bible Segond 21, Société biblique de Genève copyright © 2007. Tous droits réservés. Les citations de la Bible marquées (BDS) proviennent de La Bible du Semeur, copyright © 1992, 1999 par Biblica, Inc.. Tous droits réservés.

Tous les droits sont réservés. Aucune partie de cette publication ne peut être reproduite, stockée dans un système de recherche ou transmise sous quelque forme que ce soit, par quelque moyen que ce soit, électronique, mécanique, photocopie, enregistrement ou autrement, sans l'autorisation préalable de l'éditeur, sauf dans les cas prévues par la loi américaine sur le droit d'auteur.

ISBN: 978-1-944482-59-6

Version 1.0.1 2022

*À Donna, mon épouse,
à mes cinq enfants–Suzanne, Deborah, Daniel, David et Valérie,
et à Ken et Loïs Beach, mes parents dans la foi.*

À propos de l'auteur

Après avoir complété une formation en gastronomie aux côtés d'un chef étoilé de Lyon, le pasteur Francis Foucachon a fait ses premiers pas en théologie pratique par une formation sur le terrain à Lyon avec le pasteur Ken Beach, avant de poursuivre une Licence en théologie à la Faculté Jean Calvin à Aix-en-Provence. En 1987, Il a été ordonné dans la *Presbyterian Church in America*, pour ensuite implanter une église réformée à Repentigny dans la Province du Québec. Durant cette période, Francis a continué à poursuivre des études théologiques à Reformed Theological Seminary à Orlando. En 1997, de retour dans sa ville natale de Lyon, Francis a créé une nouvelle Église Reformée, aujourd'hui l'Église Reformée Évangélique de Gerland. Il a également fondé et assumé la Présidence de l'École Américaine de Lyon. En 2005, il a confié sa paroisse à son gendre pour revenir aux USA et permettre à ses quatre autres enfants d'étudier à la Faculté *New Saint Andrews* en Idaho. Pour rester près de ses enfants et les aider à financer leurs études, Francis a créé un restaurant gastronomique, *West of Paris*. En 2011, il a vendu son restaurant pour créer et assurer la Présidence de l'Association *Héritage Huguenot*, qui offre gratuitement des cours de théologie en français en ligne, en partenariat avec *Third Millennium Ministries*. Il est l'auteur du livre *Food for Thought*.

Francis et son épouse Donna ont cinq enfants et une armée de petits-enfants.

Avant-propos

Ce livre écrit par le pasteur Francis Foucachon, *Le Laïcusvirus : La famille chrétienne face au défi de « nouvelle norme, »* tire la sonnette d'alarme pour nous prévenir que la famille telle qu'elle a toujours existé est sérieusement menacée, le résultat du rejet global de la part de la culture occidentale de toute foi en un Dieu Créateur, et par extension, l'abandon de sa révélation concernant l'importance de la famille monogame hétérosexuelle pour l'épanouissement humain. De nos jours, cette rébellion se traduit par des politiques d'identité selon lesquelles les êtres humains autonomes décident de leur identité sexuelle et de la nature du mariage—hétérosexuel, homosexuel ou polyamoureux.

Ce livre est une étude sérieuse et sincère menée par un pasteur et un penseur qui a consacré sa vie à mettre en pratique dans sa propre expérience la réalité de la famille au sens biblique du terme. Il vaut la peine de lire ce livre du début à la fin. Il s'agit d'une analyse très soignée qui se base sur des années d'études et de mise en pratique de ce qu'enseigne la Bible à propos du mariage, du rôle de l'homme et de la femme, et de la formation et l'éducation de leurs enfants.

Je connais Francis et Donna depuis de nombreuses années. J'ai pu les observer en tant que couple : j'ai vu leur fidélité et leur amour. J'ai aussi pu les observer en tant que père et mère dévoués, et en tant que pasteur et femme de pasteur cherchant à mettre en pratique avec une conviction profonde ce que la Bible enseigne concernant la famille dans toutes ses dimensions. Ce livre est le récit et le témoignage d'une vie de famille fidèle à Dieu et à leur Sauveur Jésus-Christ, auquel ils obéissent.

Je recommande vivement ce livre qui est à la fois un guide pratique et une analyse théologique de ce que la Bible enseigne sur le mariage et la famille. J'ai la conviction que c'est un outil important qui aidera les églises de la francophonie à mieux comprendre la vie de famille et à se consacrer à cette vocation en tant qu'aspect essentiel de la vérité de l'Évangile et en tant que témoin biblique révélant et honorant le Dieu créateur dans une culture contemporaine qui s'auto-détruit sur toutes les questions sexuelles et conjugales.

Dr Peter Jones, 2021

Dr Jones, Directeur général de TruthXchange, a été professeur à Westminster Theological Seminary en Californie et à la Faculté Jean Calvin à Aix-en-Provence, France.

Préface

> « Il les a tuées ! Toutes les deux ! Il les a tuées ! »
> Et dans mes petits poings sanglants d'où pendaient quatre ailes dorées, je haussais vers le ciel la gloire de mon père en face du soleil couchant. Le porteur d'une bonne nouvelle, fut-il criminel, n'est jamais mal reçu. Mon père me regardait d'en bas, avec un radieux sourire. Il ne dit pas autre chose que : « Toutes les deux, Jules, toutes les deux ! »

Marcel Pagnol décrit ce moment de joie intense reflétant la fierté d'un fils alors que tout le village célèbre le double exploit de son père qui, coup sur coup, avait réussi à abattre deux bartavelles. Cet exploit fut immortalisé par une photo qui permettra aux futures générations de ne pas oublier ce jour de gloire, la gloire du papa de Jules largement partagée par ses oncles et par tout le village.

Depuis des siècles, comme dans *La gloire de mon père*, que ce soit à travers les grandes comme les petites choses de la vie, les hommes ont poursuivi les vertus de la gloire, une gloire tournée vers les autres, une gloire qui soude profondément les hommes entre eux. Tristement, la société moderne s'est éloignée de cette vertu du passée pour la remplacer par le sacre du bonheur personnel, avec comme conséquence la désintégration des rapports communautaires.

Dans la Bible, Dieu le Fils glorifie le Père, et le Père glorifie le Fils, et le Saint-Esprit glorifie le Père et le Fils. (Jean 17.1-16) Leur gloire est contagieuse, le reflet d'une relation interdépendante qui se traduit par encore plus de gloire. À l'exemple de cette relation de gloire entre les membres de la Trinité, la cellule familiale a été conçue par Dieu pour être, elle aussi, une source de gloire. Faits à l'image de Dieu, nous n'avons pas été conçus pour vivre en autarcie. Nous avons été créés pour recevoir et retransmettre la gloire.

Le foyer, trésor de gloire et de réputation.

Dans l'*Odyssée* d'Homère, alors que celui-ci rencontra Nausicaa sur l'Ile de Phéacien, il lui offrit la bénédiction et le souhait suivant :

> Qu'ils vous donnent un mari digne de vous et une maison florissante, et qu'ils y répandent une union que rien ne puisse jamais troubler ! Car le plus grand présent que les dieux puissent faire à un mari et a une femme, c'est l'union. C'est elle qui fait le désespoir de leurs ennemis, la joie de ceux qui les aiment et qui est pour eux un trésor de gloire et de réputation.

Le foyer—une famille, une maison florissante—est un trésor de gloire et de réputation ! Le moyen le plus naturel et la norme que Dieu a choisie pour accorder la gloire à un homme et une femme est le mariage. La vocation d'un mariage, c'est la gloire. La gloire d'un homme, c'est sa femme (1 Cor. 11.7), et les enfants sont la gloire de leurs parents, et les parents sont la gloire de leurs enfants. (Proverbes 17.6). Il n'y a pas une image plus glorieuse que celle d'une fiancée le jour de ses noces. Dès les premiers instants de sa conception, une famille est quelque chose de glorieux.

La source de la gloire

Le philosophe grec Aristote utilisait un mot très utile pour décrire la raison d'être d'une personne ou d'une chose : le *telos* ! Le *telos* d'un marteau, sa raison d'être, est d'enfoncer des clous. Il agit en fonction de sa raison d'être. Et on pourrait dire que c'est glorieux quand un marteau enfonce un clou à la perfection. Avez-vous déjà rencontré un artisan tellement doué au point de décrire son œuvre comme quelque chose de glorieux ? Ça peut être un maître peintre, un maître potier, un maître boulanger, ou un grand athlète. C'est l'évidence même qui vous dira que son *telos* sera perçu à travers la qualité et l'excellence de son œuvre, et Dieu sera glorifié par et à travers les œuvres de ses créatures. Dans le film *Chariots de feu*, vous avez peut-être le souvenir de cet athlète chrétien, Eric Liddell, qui déclarait, « Dieu m'a créé pour une raison, et Il m'a aussi donné des talents pour courir vite, et quand je cours, je ressens son plaisir. » La gloire, c'est quand un homme, une femme, des enfants, toute la création, vivent en fonction de ce pour quoi Dieu les a créés. Quand une personne ou une chose est en harmonie avec sa raison d'être, c'est glorieux.

La raison d'être d'un homme et d'une femme, leur *telos*

naturel, c'est le mariage et la création d'une famille. Parfois, Dieu permet à un homme ou une femme de le glorifier différemment, comme par le don du célibat ou par une vocation particulière, mais la norme du Créateur est, et devrait être, le mariage.

Le grand mensonge de notre époque.

Le plus grand mensonge de notre époque est de faire croire que le mariage n'est pas glorieux. Ce mensonge se divulgue sous différents aspects, par exemple par une déformation de la nature du sexe, ou par la notion trompeuse qui nous ferait croire qu'avoir des enfants nous priverait d'un plus grand bonheur, comme celui d'une carrière professionnelle, ou encore de la joie de belles expériences et d'aventures passionnantes, ou de l'épanouissement à travers une vie sociale bien remplie. Si la période de confinement de 2020—due au Coronavirus—nous a appris quelque chose sur notre culture, c'est bien la fragilité de nos carrières professionnelles et de notre vie sociale, et cette période nous a montré à quel points ces choses sont en réalité bien superficielles. Combien de célibataires qui avait choisi de remettre un mariage à plus tard se sont retrouvés seuls dans leurs appartements durant le confinement, seuls face au silence assourdissant de la coquille vide de leurs logements. Nombreux furent celles et ceux qui avaient consacré tant de temps, d'énergie et de dévotion à leurs carrières professionnelles et qui ont vu en si peu de temps leurs rêves disparaître comme une vapeur. Ce qu'ils pensaient être si glorieux n'avait pas de solides fondations, pas de racines profondes, et plus beaucoup de raison d'être. Pour le dire autrement, leur gloire n'avait rien de glorieux.

Préface

La joie et les plaisirs de la famille.

La première question du Petit Catéchisme de Westminster est la suivante : « Quel est le but principal de la vie de l'homme ?, » et la réponse est : « De glorifier Dieu et de trouver en lui son bonheur éternel. »

Glorifier Dieu et trouver en Lui son bonheur sont en fait intrinsèquement liés ensembles. Tout comme le but principal de la vie de l'homme est de glorifier Dieu, ce but lui procure par la même occasion un profond bonheur. De même, le mariage en tant que le *telos* naturel de l'homme, va lui aussi, en bonus, procurer de la joie, des plaisirs et un grand épanouissement.

Quand un homme et une femme sont unis par le mariage, et forment ensemble une famille, beaucoup d'autres choses prennent place tout naturellement. Même le parcours professionnel d'un homme, qui est souvent l'excuse de reporter à plus tard un mariage, prend plus de sens. La raison, c'est parce que la raison d'être de cette carrière est passée d'une satisfaction personnelle au poids glorieux du besoin de pourvoir et satisfaire aux besoins de son épouse et ses enfants, et par la même occasion, de créer un vrai héritage durable. Un homme qui construit une carrière pour sa famille est semblable à un soldat qui va se joindre aux volontaires d'une armée dans le but de protéger sa patrie et ceux qu'il aime, contrairement au mercenaire qui va rejoindre professionnellement les rangs de l'armée pour le salaire.

En fait, opter pour les choses les plus glorieuses aura toujours sa part de difficulté. Un alpiniste choisit de se lever très tôt pour gravir un sommet duquel il pourra prendre une photo d'exception, et il rappelle à ses amis qui préfèrent faire la grasse matinée que malgré les difficultés rencontrées, l'aboutissement de cet effort produit une joie immense. De même, les jeunes gens de cette génération devraient être encouragés à se lever et à sortir du sommeil de leur médiocrité et faibles aspirations de la vie pour se marier et fonder une famille. Construire une famille exige beaucoup d'efforts. Même si ce n'est pas facile, c'est une tâche glorieuse ! L'être humain est infusé de désirs naturels qui ont été étouffés par une culture qui a transmis des propos mensongers par rapport à la gloire du mariage, mais l'homme et la femme trouveront l'épanouissement dans le plan de Dieu pour le couple.

Le but de ce livre est de donner aux croyants les outils nécessaires pour comprendre ce que Dieu a dit au sujet de la famille. Il décrit la gloire qui s'ensuit pour celle et ceux qui suivent les directives de Dieu. Utilisez-le comme un guide. Dans le contexte d'une culture infectée par le *laïcusvirus*, ayez la vision de construire quelque chose de glorieux ; mariez-vous, ayez des enfants, et glorifiez Dieu en recevant sa gloire dans le cadre de ses directives pour la famille.

Daniel Foucachon, 2021

Daniel, le fils aîné de Francis, est PDG de Roman Roads Press, une Maison d'édition chrétienne spécialisée pour les familles qui font l'école à domicile et à distance. Il vit en Idaho aux États-Unis avec son épouse Lydia et leurs six enfants.

Introduction

La fin 2019 et l'année 2020-2021 auront marqué notre histoire pour toujours avec l'apparition du COVID-19 qui aura laissé de terribles séquelles dans le monde entier. Ce virus invisible et redoutablement contagieux a fait la une de tous les journaux, de toutes les chaînes télévisées et de tous les médias. Bref, tout le monde fut concerné.

Cependant, il y a un autre virus tout aussi invisible, redoutable et contagieux qui est déjà bien présent et actif dans notre société et qui se répand dans le monde entier. J'ai baptisé ce virus du nom de « Laïcusvirus. » Le mot laïcus (« commun du peuple » en grec) a donné notre mot « laïc » et signifie « venant du peuple » par opposition à un ordre religieux « venant d'en haut. »

L'origine du mot « laïc » est censée garantir une certaine neutralité. En fait, il n'y a rien de plus faux : la laïcité n'est pas neutre ! La laïcité est une véritable religion, c'est-à-dire un principe supérieur reconnu par l'être humain et dont dépend sa destinée. Ce principe supérieur, c'est l'homme qui s'est autoproclamé roi, mesure de toute chose et créature supérieure à Dieu lui-même, le Créateur de toute chose.

Le Laïcusvirus est un virus très contagieux car il attaque en particulier les poumons qui font respirer et donnent vie à la famille chrétienne. Beaucoup de chrétiens ne sont malheureusement pas immunisés et bon nombre d'entre eux sont victimes de ce virus invisible et extrêmement répandu qui pénètre et s'infiltre à tous les niveaux de la société et affecte tout sur son passage. En changeant l'ADN créationnelle du mariage et de la famille telle que Dieu l'a conçue au commencement, ce n'est pas seulement le mariage et la famille qui sont en danger mais également, par extension, l'Église et de la société.

Dans un entretien du 13 novembre 2012, la sociologue Irène Théry, devenue favorable à l'ouverture du mariage aux couples homosexuels, a déclaré ceci :

> Le mariage n'est plus le socle de la famille. Depuis que l'on a aboli toute distinction entre la filiation légitime et la filiation naturelle, la présomption de paternité n'est plus le cœur du lien matrimonial. Le mariage, c'est désormais l'union d'un couple. L'idéal d'indissubilité qui était fondé sur le mariage et assurait la stabilité familiale s'est déplacé sur la filiation.

Et à la question « Que va changer la nouvelle loi ?, » elle répond :

> Elle ouvre en particulier vers un futur différent pour la filiation. Avec l'adoption plénière par un couple du même sexe, un enfant va en effet pouvoir avoir deux pères ou deux mères. Cela va changer la définition du parent [...] La principale question porte sur le sens des mots « père » et « mère » quand ils ne reposent pas

sur la procréation d'un couple.¹

Comment en sommes-nous arrivés là ?

Les Européens, et en particulier les Français, se sentent en parfaite harmonie avec le Laïcusvirus et résistent au vieux christianisme qu'ils considèrent depuis longtemps comme une religion morte et dépassée par la science, la raison et le soi-disant « progrès. »

J'ai écrit ce livre pour les chrétiens qui sont pris d'assaut par ce Laïcusvirus et qui cherchent désespérément le vaccin, le remède qui va permettre aux familles chrétiennes affectées par ce virus de créer des anticorps et d'être guéries. Ce livre n'a pas pour but de rentrer dans des discussions interminables, dans les propositions, les philosophies ou les psychologies aussi nombreuses que contradictoires de nos contemporains touchant à la famille, au couple, à l'éducation des enfants et à tous les problèmes éthiques qui s'y rattachent.

Ce livre part d'un *a priori* : l'auteur ne s'excuse pas de croire, avec les chrétiens de toute l'histoire, que Dieu est le Créateur de toute chose, qu'il a tout créé à partir de rien (*ex nihilo*) et que tout ce qui a été créé est distinct et différent de lui. Après avoir créé le monde et tout ce qu'il contient, Dieu a créé l'homme et la femme à son image, en prenant soin de donner à ce premier couple de l'histoire, et de surcroît, à tous les futurs couples, des instructions bien précises au sujet de la famille. Son « mode d'emploi » du couple et de la famille, c'est la Bible, la Parole inspirée et infaillible de Dieu. Nous ne croyons pas seulement en l'Écriture seule (*sola scriptura*) mais aussi en toute l'Écriture (*tota scriptura*). Face à la complexité de notre société post-chrétienne, post-mod-

---

1   Entretien publié dans Le Journal du Dimanche du 13 Novembre 2012 : https://www.lejdd.fr/Societe/Le-mariage-n-est-plus-le-socle-de-la-famille-interview-573160-3132473

erne et progressiste, mouvements qui sont en constante évolution, ce livre veut nous ramener au fondement même de la famille chrétienne telle que Dieu, notre Créateur, l'a conçue dès le commencement. C'est l'horloger qui est le mieux placé pour s'assurer que l'horloge fonctionne bien selon ses propres normes de fabrication. Il est donc temps de remettre les pendules à l'heure de la vérité objective de la Parole de Dieu.

CHAPITRE 1

La laïcité : religion d'État

Qui n'a pas gardé à l'esprit cette fameuse phrase attribuée au roi Louis XIV lorsqu'il aurait déclaré : « L'État, c'est moi ! » ? Cette monarchie absolue a été rapidement remplacée par la Révolution française qui a fait d'une pierre deux coups en écartant la monarchie d'un côté et en diminuant le pouvoir de la puissante Église catholique de l'autre. Cette guerre entre pouvoir de l'État et pouvoir de l'Église avait duré bien trop longtemps. Les principales figures montagnardes de la Révolution comme Robespierre et Danton ont d'abord tenté d'attaquer l'Église de manière frontale en créant le culte de l'Être suprême, culte républicain remplaçant la messe catholique.

Mais cette approche s'avéra bien trop directe et inefficace dans une France toujours très catholique, notamment dans ses terres les plus profondes. Il fallait agir avec beaucoup plus de subtilité pour gagner, tranquillement et avec le temps, la majorité des Français. En fait, les montagnards ont mis plusieurs années à gagner cette lutte de pouvoir, lutte qui a finalement été largement remportée quand la Déclaration des droits de l'homme de 1789 a été rédigée. Voilà ce qu'on peut lire dans les article 10, 11 et 12 de cette déclaration :

> **Article 10** : Nul ne doit être inquiété pour ses opinions, mêmes religieuses, pourvu que leur manifestation ne trouble pas l'ordre public établi par la loi.
>
> **Article 11** : La libre communication des pensées et des opinions est un des droits les plus précieux de l'homme ; tout citoyen peut donc parler, écrire, imprimer librement, sauf à répondre à l'abus de cette liberté dans les cas déterminés par la loi.
>
> **Article 12** : La garantie des droits de l'homme et du citoyen nécessite une force publique ; cette force est donc instituée pour l'avantage de tous, et non pour l'utilité particulière de ceux à qui elle est confiée.[1]

Qui oserait remettre en question un tel progrès pour l'humanité ? Le problème, c'est que c'est la « loi des hommes » qui va établir le droit et, par extension, déterminer ce qui est vrai ou faux, juste ou injuste, acceptable ou non-acceptable.

Il ne faut pas que cette liberté trouble l'ordre public, il ne faut pas qu'il y ait d'abus et il faut que cette liberté des droits de l'homme et du citoyen soit à l'avantage de tous. Et bien sûr, c'est l'État, la loi des hommes, qui en sera le juge suprême !

Entre 1789 et 1905, tout se passe relativement bien. Les pouvoirs respectifs de l'Église et de l'État semblent fonctionner correctement même si, avec le siècle des Lumières, les

---

[1] Le texte de cette déclaration est disponible sur le site de l'Élysée : https://www.elysee.fr/la-presidence/la-declaration-des-droits-de-l-homme-et-du-citoyen

Chapitre 1

mouvements intellectuels et philosophiques de la renaissance humaniste et la réforme protestante bousculent de plus en plus la puissante Église catholique, ce qui entraînera, en 1905, la fameuse loi de la séparation de l'Église et de l'État. La laïcité, véritable religion d'État, avait gagné une grande partie de la population. À l'époque, Aristide Briand, qui avait promulgué cette loi, voulait une laïcité sans excès.

Mais jusqu'où la laïcité peut-elle aller ? Depuis des années, elle gagne de plus en plus de terrain sur la liberté individuelle, la liberté d'expression et la liberté religieuse.

Citons un exemple parmi tant d'autres. Le Ministère de l'éducation nationale et de la jeunesse a récemment publié un article intitulé : « Covid 19 et risques de dérives sectaires. »

Se servant de la « crise sanitaire » et mélangeant toutes sortes de catégories (en mettant dans un même panier des dangers qui nous guettent tous), la religion a été placée sur le même plan que les *fake news*, les faux médicaments et certains aliments. En parcourant la liste de tous ces « dangers » liés à la crise sanitaire, le bon sens nous amène à remettre en question la sagesse et l'autorité du dieu Laïcos. Voici quelques exemples de la sagesse de ce faux dieu:

> La crise du COVID-19 fragilise la population et contribue à développer un sentiment de vulnérabilité. La situation exceptionnelle que nous traversons et l'exploitation des peurs et des souffrances qu'elle suscite, sont propices aux risques de dérives sectaires et au renforcement de l'adhésion des adeptes.[2]

Dans la liste des enjeux relevés, l'éducation nationale es-

---

[2] Suite à la polémique qu'il a suscitée, cet article a été retiré du blog du Ministère de l'éducation nationale mais on peut retrouver l'extrait cité sur le site p@ternet.fr : http://paternet.fr/2020/05/29/retour-des-enfants-a-lecole-risques-de-derives-sectaires/

time qu'il est important « d'identifier les changements de comportement des élèves, susceptibles d'être provoqués par des influences familiales ou extérieures. » Dans la liste des conduites à tenir, l'enfant étant dépendant de son environnement, une attention doit être portée « aux élèves dont **les responsables légaux**, adeptes de certaines idéologies ou croyances, sont réticents ou opposés aux recommandations faites en matière de santé publique. » Et face à un risque de dérive sectaire, tout personnel se doit « **d'alerter les services compétents**, dans le but de sauvegarder l'intégrité physique et morale du mineur. »[3]

Nous sommes vraiment à des années-lumière de la laïcité sans excès d'Aristide Briand ! Loin de garantir la liberté du culte en France, le nouveau dispositif du Laïcusvirus consiste à créer une « laïcité de surveillance » donnant aux préfets de région le pouvoir d'autoriser ou non le bon fonctionnement d'une association cultuelle.

La famille chrétienne dans le collimateur du Laïcusvirus

De manière sournoise, on prépare depuis bien longtemps cette nouvelle réforme sociétale. Tout comme on arrache de vieilles vignes pour en planter de nouvelles, il a d'abord fallu entreprendre un travail de démolition en vue de reconstruire la nouvelle structure familiale, la « nouvelle norme. »

Exemple de cette préparation du terrain : la banalisation du divorce. Dans son livre Le Suicide français, Éric Zemmour décrit comment, grâce à la chanson populaire, Michel

---

[3] Ibid. (les mots en gras sont dans le document original).

Chapitre 1

Delpech, chanteur bien connu des années 1970, communique la nouvelle pensée philosophique de la famille qui traverse un divorce (situation qui, à l'époque, concernait environ 50% des couples mariés). Voici ce qu'il écrit :

> Avec une grande sensibilité, Delpech forme les contours d'un divorce banalisé et déculpabilisé. Pas question de se déchirer, de s'inventer des fautes, des adultères, des constats d'huissiers [...] Il est l'homme des arrangements, des compromis [...] Il est au-delà des rancunes, des mesquineries, des haines. Même dans la rupture. Le cocu n'est plus furieux ni ridicule, mais compréhensif, bénisseur [...] Michel Delpech le conte d'une voix affectueuse. Il a fait la paix, pas la guerre. À la télévision, il apparaît alors visage rond et doux, mèches brunes, longues et soyeuses, regard tendre, gestes alanguis : L'homme s'est métamorphosé en femme. Avec cette chanson exaltant le divorce pacifié, sans drame ni douleur, il précède la loi et les mœurs. Il fait entrer la France, avant les politiques, les sociologues, les historiens, dans l'ère du divorce de masse. Il rejette la loi de ses pères, le divorce autorisé mais contenu, légal mais illégitime, le divorce qui doit rester exceptionnel, que toute une société—Législateur, Justice, Églises—s'efforce de limiter. Une société ou la pérennité de la famille est préférée au bonheur des individus ; où « on ne divorce pas pour des enfants. »[4]

---

[4] Eric Zemmour, *Le Suicide français* (édition Albin Michel, 2014), p. 99.

Les fondements de la famille chrétienne fragilisés

Vers la fin du 20ᵉ siècle, Georges Barna, l'un des plus grands spécialistes de l'étude des croyances religieuses, a écrit un livre qui m'a particulièrement interpellé (il faisait à l'époque des recherches approfondies sur la société évangélique américaine). Titre du livre : *The Frog in the Kettle*.[5] Dans cet ouvrage, Georges Barna explique que, si vous mettez une grenouille dans une bouilloire en ébullition, elle fera tout pour s'échapper car elle aura très vite compris que l'environnement dans lequel elle se trouve est dangereux. Par contre, si vous mettez une grenouille dans une marmite d'eau portée lentement à ébullition, lorsque l'eau commence à bouillir, son thermostat interne recevra le signal qu'elle est en train de cuire... mais trop tard !

Georges Barna avait bien vu le mur contre lequel notre société occidentale allait bientôt se fracasser. Dans son livre, il écrit que Dieu nous donne parfois la possibilité d'entrevoir une partie du futur, ce qui devrait nous permettre de mieux servir le Christ en prenant de meilleures décisions dans le présent. À l'époque où ce livre a été écrit, j'étais moi-même pasteur et implanteur d'églises en France et au Québec. Ma préoccupation première était le salut des âmes, ce qui était et ce qui est toujours très important. En 1991, j'ai suivi tous les cours, fait toutes les lectures et rendu tous les devoirs du programme de doctorat de la Faculté de Théologie Réformée (*Reformed Theological Seminary*) d'Orlando. À l'époque, on ne parlait quasiment que de mission, d'évangélisation et de croissance de l'église.

Ma bibliothèque était remplie de livres sur le sujet. Et en

---

5 George Barna, *The Frog in the Kettle* (Regal Books, 1990).

fait, les églises évangéliques ont explosé un peu partout dans le monde y compris en France.

Cependant, avec le passage à l'an 2000, au lieu de concentrer nos efforts sur l'évangélisation et la croissance de l'église, nous avons mis l'accent sur la réconciliation raciale, l'aide humanitaire et la justice sociale. Là encore, toutes ces choses sont très importantes mais, avec ce nouveau virage évangélique, nous avons tout simplement adopté les valeurs et rejoint les rangs de la société sécularisée qui avait déjà tiré la sonnette d'alarme à propos d'un problème sociétal.

Mais en dépit de tous ces efforts d'évangélisation, de croissance de l'église, d'aide humanitaire et de justice sociale, un élément fondamental manquait à l'appel : l'importance de mener une réflexion théologique et pratique sur la famille chrétienne. Cette période de croissance de l'église a coïncidé avec une période de grands dysfonctionnements au sein de la famille chrétienne, ce qui s'est traduit par des séparations de couples et, de façon dramatique, par l'abandon de la foi (de nombreux jeunes ont été ouvertement confiés aux « bons soins » du géant de l'absolutisme de l'éducation nationale, fief impénétrable du Laïcusvirus).

Malheureusement, encore aujourd'hui, je constate que de nombreux chrétiens sont dans la situation de cette grenouille qui est en train de bouillir. Ils n'ont pas conscience du danger et de la menace qui pèsent sur la famille et, par conséquent, sur l'église. Les chrétiens ne sont pas appelés à subir mais à anticiper les manœuvres de l'ennemi et à contre-attaquer avec, bien entendu, les armes spirituelles que Dieu donne.

L'après-11 septembre et la montée en puissance du Laïcusvirus

Le 11 septembre 2001, une page cruciale de notre histoire s'est tournée. Le monde occidental est parti en guerre contre les terroristes islamistes. Ont eu lieu ensuite les fameux « Printemps arabes » (entre 2010 et 2011) avec la révolution tunisienne, les manifestations en Jordanie, le soulèvement contre Mouammar Kadhafi en Libye et les révoltes contre Bachar el-Assad en Syrie.

Le grand gagnant de cette guerre contre le terrorisme, c'est encore et toujours le Laïcusvirus. Face au fondamentalisme islamiste, l'État français joue son rôle de protecteur de la nation et abat vigoureusement la carte de la tolérance. Une tolérance qui devrait permettre à cette nouvelle structure sociale (la religion d'État) et au Laïcusvirus de résister aux tempêtes que le vieux christianisme ou les mouvements islamistes pourraient provoquer. Le nouveau mot passe-partout du 21e siècle est donc « tolérance. » Selon la définition du Petit Larousse, la tolérance, c'est « le respect de la liberté d'autrui, de ses manières de penser, d'agir, de ses opinions politiques et religieuses. »

Jusque-là, on retrouve les articles 10, 11 et 12 de la Déclaration des droits de l'homme sauf que, face à la montée du fondamentalisme islamiste, l'État est de plus en plus prêt à tout tolérer... sauf l'intolérance. L'ordre public est troublé, on abuse de la liberté d'expression et, dans l'intérêt de tous, l'État doit agir. L'ennemi numéro un de la société libre, c'est l'intolérance, qu'il faut absolument éradiquer. Les intolérants sont celles et ceux qui croient qu'il n'y a qu'une seule vérité, ce qui a des conséquences énormes pour les chrétiens qui veulent rester fidèles à l'enseignement bibliques et croient que le christianisme est la vérité. Dans l'évangile de Jean, Jésus déclare qu'il est le chemin, la vérité et la vie et que nul ne peut venir au Père sans passer par lui. (Jean 14.6) Jésus devient donc l'intolérant par excellence et, aujourd'hui, il serait sans doute fiché S ! Paradoxalement, l'État qui veut lutter contre l'intolérance est devenu lui-même intolérant.

Bien entendu, nous pensons que les chrétiens, tout comme les fondamentalistes islamistes, ne peuvent imposer au reste de la société leurs manières de penser et d'agir. Nous croyons que nous devons respecter la liberté de chacun. Mais respecter la liberté de chacun ne consiste pas à se taire et à accepter que l'État nous impose sa philosophie, son éthique et sa « religion. »

Suite à la réforme du 16ᵉ siècle, nous croyons que, comme l'écrit Pierre-Sovann Chauny, « dans la Genève de Calvin—loin d'être une théocratie où la religion domine sur la politique [...] chacun doit être souverain dans la sphère qui lui est propre. »[6]

Aujourd'hui, c'est l'État qui détermine la norme et qui sanctionne celles et ceux qui s'opposent à sa vérité. La vérité de l'État est devenue la norme, une norme dictée par le pouvoir démocratique. Comme l'écrit Leszek Kolakowsky : « Ne comptant plus sur elle-même, la politique allait désormais se fonder sur le consensus et non plus sur la vérité [...] »[7]

Avec la démocratie, on a jeté la liberté dans le puits sans fond de la démocratie pure sanctionnée par le vote majoritaire d'un peuple à la pensé autonome (du grec *autos*, « soi-même, » et *nomos*, « loi » ou « règle »). Afin de lutter

---

6 La Revue réformée, numéro 288—2018/4—Novembre 2018—Tome LXIX (p. 73) : https://larevuereformee.net/articlerr/n288/la-laicite-rempart-contre-lextremisme

7 Cité par Paul Wells dans *En toute occasion, favorable ou non* (éditions Kergyma, 2014), p. 273.

contre le *hate speech* (discours de haine) des fondamentalistes islamistes, l'État laïc a inclus dans ce *hate speech* toutes les formes de racisme. Avant, quand on parlait de racisme, on faisait référence à des formes de discrimination contre les races humaines. Mais maintenant, la définition traditionnelle du racisme inclut les discriminations contre le mouvement LGBTQ+ par exemple.

Selon cette nouvelle norme, les chrétiens qui croient en l'autorité de la Parole de Dieu sont donc coupables de *hate speech* et passibles de lourdes sanctions quand ils déclarent sans ambages que l'homosexualité est une abomination selon la Bible. L'État a donc empiété sur son mandat de gardien de la paix en s'ingérant dans la sphère de l'Église.

Une « drôle de guerre »

Quand nos livres d'histoire couvrent la période de la deuxième guerre mondiale, ils parlent souvent de « drôle de guerre, » l'adjectif « drôle » faisant référence à quelque chose d'anormal ou à une anomalie. En effet, le 3 septembre 1939, le Royaume-Uni et la France déclarent la guerre à l'Allemagne nazie mais, pendant plusieurs mois, rien ne se passe. Les Allemands décrivent d'ailleurs cette « drôle de guerre » en utilisant l'expression *Sitzkrieg* ou « guerre assise. » Pendant neuf mois, cette guerre est un conflit sans combats majeurs, à part quelques escarmouches ici et là. Autrement dit, on est en guerre mais vous auriez eu du mal à le croire si vous aviez été à Paris à l'époque. Les terrasses de café sont pleines à craquer, on mange, on boit et on fait la fête comme si de rien n'était ! Il faut attendre le 10 mai 1940 pour que la « vraie » guerre commence. La France s'est préparée à une offensive allemande derrière la ligne Maginot et, bien qu'on

Chapitre 1

ait prévenu le général Gamelin, commandant en chef des forces françaises, que les Allemands allaient attaquer dans les Ardennes, l'état-major français n'en tient pas compte. La conséquence tragique du *Blitzkrieg* ou « guerre éclair, » c'est une véritable déroute française dont on connaît malheureusement la triste fin.

Je ne peux m'empêcher de faire un parallèle entre, d'un côté, le récent *Blitzkrieg* du Laïcusvirus et, de l'autre, le *Sitzkrieg* du monde chrétien face à la guerre déclarée aux valeurs chrétiennes de la famille.

En fait, comme pendant la deuxième guerre mondiale, les Français vivant en France avaient trois possibilités : soit se rallier au général Pétain dans son compromis avec Hitler et se joindre sans résistance au régime de Vichy, soit prendre la fuite et quitter la France coûte que coûte pour sauver leur peau, soit se rallier au général de Gaulle et, depuis l'Angleterre, résister au régime nazi en attendant la libération.

On retrouve ces trois scénarios dans nos milieux chrétiens. Il y a d'abord ceux qui pactisent avec la pensée moderne en faisant des compromis avec la religion d'État (la laïcité). Viennent ensuite ceux qui abandonnent la France à son sort et vivent leur foi de manière privée en marge des problèmes de la société et qui attendent avec impatience le retour du Christ. Viennent enfin ceux qui décident de ne pas baisser les bras, de ne pas laisser à l'ennemi de l'Évangile un pouvoir qui ne lui appartient pas et qui résistent donc au Laïcusvirus (mais malheureusement, ces derniers sont de moins en moins nombreux). L'Écriture nous rappelle que nous sommes en guerre. L'apôtre Paul écrit ceci aux chrétiens d'Éphèse :

> Car nous n'avons pas à lutter contre la chair et le sang, mais contre les dominations, contre

les autorités, contre les princes de ce monde de ténèbres, contre les esprits méchants dans les lieux célestes. (Éphésiens 6.12)

Un problème théologique

En fait, pour une grande partie de nos contemporains chrétiens, le problème de fond est un problème théologique. Pierre Courthial, l'un de mes anciens professeurs qui était aussi doyen de la Faculté Jean Calvin à l'époque, explique cette tendance qui repose en réalité sur une compréhension théologique piétiste :

> Sur ce point, la théonomie se heurte non seulement aux humanistes, du dehors ou du dedans, mais, en l'Église, au piétisme qui, sans le vouloir, contribue au développement de la maladie humaniste en lui abandonnant des secteurs entiers de l'existence. Au long des siècles, et notamment depuis le XVIIIe siècle, le piétisme n'a cessé de limiter la portée et l'autorité de la Parole de Dieu, de la loi de Dieu, à la vie personnelle et familiale, au culte et à l'Église isolée du monde et s'en retranchant pour se protéger... les piétistes abandonnent, de fait, tout le reste—ce qui fait beaucoup !—aux volontés humaines (ou démoniaques ?), maitresses alors du terrain ; ils deviennent complices de l'humanisme qui profite de leur réserve, de leur abstention, volontaire, pour l'emporter [...] On comprend ainsi pourquoi toute l'Église, malade de l'humanisme, ou bien prend le parti, à son tour, de ne rien dire ;

ou bien, quand elle croit devoir dire quelque chose, s'aligne sur les idées ou opinions humaines majoritaires et/ou à la mode, véhiculées par les médias.[8]

Un peu plus loin, il pose la problématique de la façon suivante :

> Avec le développement de l'humanisme, cette religion anti-chrétienne et antinomiste (= opposée à la loi de Dieu, à la Sainte Écriture), et sa croissante infiltration « contaminante » dans l'Église (« Dieu a foi en l'Homme !, » « Ayons foi en l'Homme ! »), le pouvoir de l'État, de l'État-Providence, de l'État divinisé, n'a cessé de croître. Et cette « totalitarisation » de l'État, vrai retour au paganisme humaniste de l'Antiquité ou des temps préchrétiens, tend à s'exacerber au point que sur plusieurs importantes questions éthiques qui se posent aux plus grands savants dans leurs recherches, comme aux plus ordinaires des hommes dans leur vie quotidienne, fuse aujourd'hui l'effrayante interrogation : « Quelles lois doivent gouverner : celles de Dieu ? ou celles de l'État ? »[9]

Et quand on rentre dans le domaine de la famille chrétienne, quand nos parents parlaient de « gouvernements, » le pasteur Courthial écrit :

> Il n'y a pas si longtemps ce mot désignait aussi

---

[8] Pierre Courthial, *Le jour des petits commencements* (éditions Messages, 2019), p. 284-285.

[9] *Le jour des petits commencements*, p. 287.

bien la maîtrise de soi (le « gouvernement de soi » disait Montaigne) que l'autorité du mari dans le « ménage, » la vie conjugale ; celle des parents dans la vie familiale ; celle des ministres ordonnés dans la vie des Églises ; que celle des « magistrats » dans l'État. Cette diversité des gouvernements, ayant chacun son domaine propre, dans la soumission à l'autorité souveraine de Dieu, selon la Sainte Écriture, excluait radicalement aussi bien l'étatisme que le cléricalisme. Aujourd'hui, dire gouvernement (sans avoir à préciser : civil), c'est designer l'État ; car l'État s'est immiscé en tout ce qui, selon la Loi de Dieu, ne le regardait pas : dans notre vie à chacun, dans la vie des familles et l'éducation des enfants, dans la vie économique, dans la vie culturelle, et il a réussi à reléguer les Églises dans un domaine déclaré « privé. »[10]

La rupture historique des ordonnances créationnelles de la famille

C'est triste à dire mais Pierre Courthial avait vu juste. L'histoire de la fin du 20ᵉ siècle et du début du 21ᵉ siècle aura été marquée par une rupture historique de l'ordonnance créationnelle du mariage avec, comme conséquence tragique, l'annihilation de la famille traditionnelle. Comme je l'ai déjà dit, cette nouvelle métamorphose de la famille a commencé dans les années 1960 avec la banalisation du divorce puis en mai 1968 avec une révolution culturelle lors de laquelle le mariage traditionnel a été remplacé par l'union

---

10 *Le jour des petits commencements*, p. 287.

libre (impliquant l'absence d'engagement et le changement plus ou moins régulier de partenaires). Ensuite, c'est le Pacs (Pacte civil de solidarité) qui est apparu et, plus récemment, la reconnaissance du mariage homosexuel avec maintenant la possibilité pour les couples homosexuels d'adopter des enfants. S'ajoute à toute cette cacophonie l'identité de genre.

Derrière tout cela, il y a une véritable volonté de redéfinir le concept de la famille : nous sommes en train de réinventer la famille de demain. Au nom du progrès et de la modernité, nous avons sacrifié sur l'autel de la liberté individuelle ce qui faisait jusqu'à présent la force d'une nation, c'est-à-dire la famille. Nous avons redéfini le mariage et la famille tels que ces concepts ont été compris, même par des non-croyants, depuis des siècles.

La question est donc la suivante : est-il possible d'aligner cette nouvelle structure et ce nouveau concept de la famille sur celle de la Parole infaillible et permanente de Dieu ? Est-il possible de construire une famille chrétienne sur un fondement différent de celui qui a été établi par Dieu ? La réponse est catégoriquement non !

Dieu nous a créés à son image et il nous a créés pour que nous soyons en relation ou communion avec lui. Si quelqu'un connait bien la fibre de l'homme, la fibre de la femme, les vrais besoins de chaque individu, de chaque couple et de la famille, c'est bien le Créateur de cette « horloge » merveilleuse et complexe qu'est la famille. Et l'horloger a donné des instructions bien précises pour le bon fonctionnement de sa création et de ses créatures. Dieu parle par la Bible, Parole infaillible et inerrante, et cette Parole est la vérité pour toutes les générations. Voyons donc, dans un premier temps, ce que Dieu veut nous dire à propos du mariage.

CHAPITRE 2

La norme biblique du mariage

Peu de temps après avoir créé l'homme à son image, Dieu dit :

> Il n'est pas bon que l'homme soit seul. Je lui ferai une aide qui sera son vis-à-vis [...] C'est pourquoi l'homme quittera son père et sa mère, et s'attachera à sa femme, et ils deviendront une seule chair. (Genèse 2.18-24)

Dès que Dieu crée un homme et une femme, il en fait immédiatement un couple : l'homme et la femme deviennent une seule chair. C'est le premier mariage de l'histoire et cette ordonnance créationnelle constitue la norme pendant toute l'histoire ancienne. On se mariait en Mésopotamie, on se mariait dans l'Égypte ancienne et on se mariait dans la Rome antique. Tout au long de l'histoire du peuple de Dieu, dans tout l'Ancien Testament, on se mariait. Et cette ordonnance créationnelle est reprise et confirmée par Jésus lui-même puis par ses apôtres dans le Nouveau Testament (voir

Matthieu 19.5 ; Marc 10.7 ; 1 Corinthiens 6.16 et Éphésiens 5.31).

Depuis des millénaires, il y a donc toujours eu des mariages et même quand ces mariages étaient arrangés ou, pire encore, dans les cas de polygamie, un mariage avait toujours lieu entre un homme et une femme. Biologiquement, il a toujours fallu un homme et une femme pour fonder une famille. C'est une réalité biologique filiale qui confère une identité particulière à chaque famille. Remarquons à quel point cette filiation est importante dans l'Écriture, importance dont témoignent les longues et nombreuses généalogies. Les gens ont tellement besoin de savoir qui est leur papa et qui est leur maman que certains organismes en ont fait un véritable business pour répondre à la demande de plus en plus grande d'enfants qui ont été adoptés ou conçus grâce à une banque de sperme. Autrement dit, on veut à tout prix connaître sa filiation !

Une question brûlante de notre temps

Avant de parler du mariage entre un homme et une femme selon la norme biblique, il est important de consacrer un peu de temps à l'étude d'une question brûlante de notre temps : la place de l'homosexualité en général et plus particulièrement les réponses aux questions de celles et ceux qui professent la foi chrétienne et qui luttent avec la tentation de la pratique homosexuelle ou qui se posent des questions sur l'identité de genre.

Considérons d'abord les textes-clés de l'Écriture concernant la pratique de l'homosexualité. Dans l'Ancien Testament, voici ce que Dieu déclare :

Chapitre 2

> Tu ne coucheras pas avec un homme comme on couche avec une femme. C'est une abomination. (Lévitique 18.22)

Dans le Nouveau Testament, l'apôtre Paul affirme :

> Les hommes de même, délaissant les rapports naturels avec le sexe féminin, se sont enflammés de désir les uns pour les autres ; ils ont commis entre hommes des actes honteux et ont reçu en leur personne le salaire que méritaient leurs égarements. (Romains 1.27)

En fait, l'homosexualité n'est pas une chose nouvelle. Le terme « sodomie, » qui constitue la pratique homosexuelle, fait référence à la ville de Sodome. Dans Genèse 19, nous lisons que Dieu va détruire les villes de Sodome et Gomorrhe. Au verset 5, les habitants de Sodome, des enfants jusqu'aux vieillards, veulent sodomiser les deux hommes (des anges) qui logent dans la maison de Lot, acte que Dieu va juger par le feu.

L'homosexualité et toutes les dérives sexuelles (comme les orgies par exemple) étaient également monnaie courante dans la Rome antique et l'on connaît la triste fin du glorieux empire romain. Mais sous l'Empereur Constantin, c'est un retour aux valeurs bibliques qui s'opère : le christianisme dénonce et met fin à toutes ces pratiques honteuses, ce qu'il fera pendant des siècles, jusqu'à la Révolution française en fait. En rejetant le Créateur et les lois qu'il a créées pour ses créatures, la Révolution a en effet rouvert la porte de la sodomie en 1791 en la dépénalisant. Alors qu'est-ce qui est nouveau aujourd'hui ?

La nouvelle filiation

Ce qui est nouveau, c'est la nouvelle définition de la nouvelle filiation qui est légitimée et encouragé par la société. En 1999, avec le Pacs, nous avons institué un changement majeur : la notion de couple de même sexe a été introduite dans le code civil. Aujourd'hui, deux hommes ou deux femmes peuvent former un couple. Pour la première fois de toute l'histoire de l'humanité, le mariage entre un homme et une femme n'est plus le socle de la famille.

Dans l'introduction de ce livre, je mentionne cet entretien avec Irène Théry, sociologue devenue favorable à l'ouverture du mariage aux couples homosexuels. Voici ce qu'elle répond à la question du mariage :

> Le mariage n'est plus le socle de la famille. Depuis que l'on a aboli toute distinction entre la filiation légitime et la filiation naturelle, la présomption de paternité n'est plus le cœur du lien matrimonial. Le mariage, c'est désormais l'union d'un couple. L'idéal d'indissolubilité qui était fondé sur le mariage et assurait la stabilité familiale s'est déplacé sur la filiation. Aujourd'hui, personne n'aurait l'idée de faire une différence dans les droits et devoirs des parents envers leurs enfants selon qu'ils sont mariés ou pas. Pourtant, la loi qui a posé le principe de l'égalité des enfants légitimes et naturels date de 1972, ce n'est pas loin. Et la différence entre ces filiations n'a complètement disparu du code civil qu'en 2005.

Et à la question « Que va changer la nouvelle loi ?, »

Irène Théry répond : « Elle ouvre en particulier vers un futur différent pour la filiation. »[1]

La nouvelle norme

Cette nouvelle façon de concevoir le couple et la famille n'a jamais été aussi encouragée et « normalisée » qu'aujourd'hui. En fait, ce nouveau concept de la famille n'est même plus annoncé de manière sournoise et cachée : de nos jours, il est ouvertement promulgué à tous les niveaux de la société « libérée » des vieux tabous du christianisme. Et le lavage de cerveau commence très tôt, dès la maternelle ! Sur le site du Huffington Post, on peut lire un article intitulé « Le jour où l'école de mon fils a organisé une mini-pride » dans lequel l'auteur écrit ceci : « Exposé dès son plus jeune âge aux différentes formes de parentalité, mon fils bâtit ses propres repères. Il aura la diversité de la parentalité comme référent. »[2]

Ce nouveau concept de la famille est également pleinement intégré dans les manuels d'éducation sexuelle des écoles laïques. Dans le domaine psycho-émotionnel, juridique et social, on y enseigne l'importance du choix personnel de chacun quant aux différentes orientations sexuelles possibles pour s'assurer qu'il n'y a pas de stéréotypes sexuels (sexisme, homophobie et autres discriminations).[3]

---

1 Entretien publié dans Le Journal du Dimanche du 13 Novembre 2012 : https://www.lejdd.fr/Societe/Le-mariage-n-est-plus-le-socle-de-la-famille-interview-573160-3132473

2 Article de Tristan Champion publié sur le site du Huffington Post le 7 février 2019 : https://www.huffingtonpost.fr/tristan-champion/le-jour-ou-lecole-de-mon-fils-de-4-ans-a-organise-une-mini-pride_a_23656901/

3 https://www.education.gouv.fr/education-la-sexualite-1814

Heureusement, il y a des chrétiens qui ont décidé de résister au Laïcusvirus comme le CPDH (Comité Protestant évangélique pour la Dignité Humaine) et le CNEF (Conseil National des Évangéliques de France), deux structures qui élèvent leur voix contre les dérives de ce virus et son programme d'enseignement de la sexualité à l'école. Mais s'il nous faut un David pour combattre Goliath, il nous faut aussi une armée de chrétiens prêts à reprendre le terrain perdu de la liberté religieuse promise par les droits de l'homme et la version originale d'une laïcité sans excès.

Des chrétiens évangéliques homosexuels ?

À ce tsunami sociétal s'ajoute un mouvement « évangélique » affirmant qu'il est possible d'être chrétien évangélique et homosexuel *en même temps*. Selon un sondage Gallup, environ 55% des personnes LGBT se réclament du christianisme.[4] En fait, il faut distinguer deux catégories de personnes. D'un côté, il y a ceux qui se considèrent comme chrétiens homosexuels et qui pratiquent l'homosexualité. De l'autre, il y a ceux qui se considèrent comme chrétiens homosexuels mais qui vivent dans l'abstinence, reconnaissant que la pratique de l'homosexualité est une abomination aux yeux de Dieu.

Ceux qui pratiquent l'homosexualité prétendent, entre autres choses, que David, futur roi d'Israël, et Jonathan, fils du roi Saül, étaient tous les deux homosexuels. Mais face aux textes de l'Écriture qui dénoncent clairement la pratique ho-

---

4 Selon un article publié dans *Christianity Today* le 17 mars 2020 : https://www.christianitytoday.com/ct/2020/april/as-courts-consider-discrimination-suits-christian-colleges-.html

mosexuelle, ces révisionnistes tordent le sens des écrits bibliques à partir d'une herméneutique biaisée. Je ne m'attarderai pas sur ces pseudo-chrétiens qui font certainement partie de ceux auxquels l'apôtre Paul fait allusion quand il écrit aux chrétiens de Rome :

> Oui, ils ont délibérément échangé la vérité concernant Dieu contre le mensonge [...] Voilà pourquoi Dieu les a abandonnés à des passions avilissantes : leurs femmes ont renoncé aux relations sexuelles naturelles pour se livrer à des pratiques contre nature. Les hommes de même, délaissant les rapports naturels avec le sexe féminin, se sont enflammés de désirs les uns pour les autres ; ils ont commis entre hommes des actes honteux et ont reçu en leur personne le salaire que méritaient leurs égarements [...] non seulement ils commettent de telles actions, mais encore ils approuvent ceux qui les font. (Romains 1.25-32)

Mais il y a des chrétiens évangéliques qui croient en l'infaillibilité et en l'autorité de la Bible, et qui luttent avec la tentation de l'homosexualité. Depuis peu, ils sortent du silence suite à l'émergence du mouvement américain *Revoice* notamment. Ces chrétiens reconnaissent ouvertement qu'ils sont attirés par des personnes de même sexe et se considèrent même comme chrétiens homosexuels. Mais ils ont décidé de vivre dans l'abstinence parce qu'ils savent que la Bible interdit une telle pratique. En s'incluant dans la catégorie des chrétiens homosexuels « non pratiquants, » ils pensent qu'ils pourront encourager d'autres chrétiens ayant les mêmes tendances à ne pas avoir peur de faire leur *coming out* (tout chrétien homosexuel peut et doit sortir de la honte). Certes, ces chrétiens, comme tout chrétien, doivent confesser leurs péchés et obtenir de l'aide car ils sont confrontés à un terrible dilemme et une épreuve à vie. Mais peut-on vraiment parler de dilemme ?

L'expression « chrétien homosexuel » est un oxymore

En fait, l'expression « chrétiens homosexuel » est un oxymore. On n'est pas plus chrétien homosexuel que l'on est chrétien adultère, chrétien fornicateur ou chrétien voleur. En effet, peut-on vraiment parler d'une catégorie de personnes (« chrétiens homosexuels » en l'occurrence) quand l'Écriture elle-même ne parle pas d'une telle catégorie ?

Après avoir créé nos premiers parents (Adam et Ève) à son image, Dieu leur a donné un commandement précis : « C'est pourquoi l'homme quittera son père et sa mère, et s'attachera à sa femme, et ils deviendront une seule chair » (Genèse 2.24). Dans le cadre de l'homosexualité, il n'y a pas de place pour la complémentarité du couple (homme/femme), pas de place pour la procréation (il faut un homme et une femme pour faire des bébés) et pas de place pour l'union et la fusion de l'homme et de la femme en une seule chair.

Quand on parle d'identité chrétienne dans l'Écriture et en particulier dans le Nouveau Testament, trouve-t-on des croyants dont l'identité est fondée sur le péché ? Non ! Lorsque l'apôtre Paul confesse ses péchés, il décrit ce qu'il *a été* dans le passé (blasphémateur et persécuteur de l'église) *mais ce n'est plus son identité en tant que chrétien* (Philippiens 3.6 ; 1 Timothée 1.13). Aux chrétiens de Corinthe, il écrit ceci : « Voilà bien ce que vous étiez, certains d'entre vous. Mais vous avez été lavés, vous avez été purifiés du péché. » (1

Corinthiens 6.11) En somme, un chrétien ne peut s'identifier à son ancienne vie car sa nouvelle identité est en Christ (2 Corinthiens 5.17). Notre ancienne nature a été crucifiée avec le Christ et nous ne sommes plus esclaves du péché (Romains 6.6-8.1).

La théologie de la tentation et du péché

En réalité, tout ce débat nous ramène à une compréhension théologique de la tentation et du péché. Les partisans du mouvement *Revoice* prétendent que le fait d'être tenté par le péché de l'homosexualité n'est pas un péché en tant que tel. Ils justifient leur position en rappelant que Jésus a été tenté mais qu'il n'a jamais péché. Dans ce sens, ils s'alignent sur la doctrine catholique romaine de la concupiscence réaffirmée par le concile de Trente (1542) qui considère que la concupiscence, et en particulier le désir lié aux plaisirs sensuels, n'est pas un péché en soi mais plutôt l'une des conséquences du péché originel. Contrairement à ce que pensent les partisans de *Revoice*, de nombreux théologiens protestants estiment que la concupiscence fait pleinement partie du péché originel. C'est ce qu'affirme par exemple la Confession d'Augsbourg :

> Nous enseignons que par suite de la chute d'Adam, tous les hommes nés de manière naturelle sont conçus et nés dans le péché ; ce qui veut dire que, dès le sein de leur mère, ils sont pleins de convoitises mauvaises et de penchants pervers. Il ne peut y avoir en eux, par nature, ni crainte de Dieu ni confiance en lui. Ce péché héréditaire et cette corruption innée

> et contagieuse est un péché réel, qui assujettit à la damnation et à la colère éternelle de Dieu tous ceux qui ne sont pas régénérés par le Baptême et par le Saint-Esprit.[5]

Pour faire simple, disons que la différence entre les deux points de vue, c'est que l'Église catholique romaine considère que la concupiscence est un péché avant le baptême mais que ce n'est plus un péché en tant que tel après le baptême (l'Église catholique reconnaît cependant que la concupiscence peut mener et mène souvent au péché).

C'est à la lumière de cette compréhension théologique que les partisans du mouvement *Revoice* expliquent, qu'en tant que chrétiens homosexuels régénérés et baptisés, ils peuvent être attirés par des personnes de même sexe et ne pas pécher tant qu'ils ne s'adonnent pas à leurs désirs. D'un autre côté, la plupart des protestants évangéliques considèrent que la concupiscence fait partie intégrante du péché originel qui nous sépare du Dieu trois fois saint. La concupiscence, qui inclut donc le fait d'être attiré par des personnes de même sexe, est un désir qu'il faut mettre à mort comme tous les autres péchés qui font la guerre a l'âme (1 Pierre 2.11). N'oublions pas ces paroles de Jésus :

> Car c'est du dedans, c'est du cœur des hommes que sortent les mauvaises pensées, prostitutions, vols, meurtres, adultères, cupidités, méchanceté, ruse, dérèglement, regard envieux, blasphème, orgueil folie. Toutes ces choses mauvaises sortent du dedans et rendent

---

5   Confession d'Augsbourg (première partie, article 2) : http://bibliotheque.ruedeleglise.net/wiki/Confession_d%27Augsbourg_texte_complet#Article_2._-_Du_p.C3.A9ch.C3.A9_originel

l'homme impur. (Marc 7.21-23, Nouvelle version Segond révisée)

C'est dans le cœur de l'homme que le péché prend naissance et c'est comme ça qu'il donne lieu à de mauvaises pensées, produisant ainsi des désirs qui sont contraires à la nature du Dieu trois fois saint. Pour le dire autrement, la grâce change la nature de l'homme mais rien ne peut changer la nature du péché. Les chrétiens ne doivent pas se laisser dominer par un quelconque péché, que ce soit le fait de convoiter des biens, la femme de son prochain ou une personne du même sexe.

> Heureux l'homme qui tient ferme face à la tentation, car après avoir fait ses preuves, il recevra la couronne du vainqueur : la vie que Dieu a promise à ceux qui l'aiment. Que personne, devant la tentation ne dise : « C'est Dieu qui me tente. » Car Dieu ne peut pas être tenté par le mal et il ne tente lui-même personne. Lorsque nous sommes tentés, ce sont les mauvais désirs que nous portons en nous qui nous attirent et qui nous séduisent, puis le mauvais désir conçoit et donne naissance au péché. (Jacques 1.12-14)

Dans ces versets, Jacques nous apprend que la tentation sous toutes ses formes, que ce soit la tentation de convoiter la femme de son prochain ou une personne du même sexe, provient des mauvais désirs que nous portons en nous et qui nous attirent pour nous séduire.

Dans la prière du Notre Père que Jésus a enseignée à ses disciples, quand il nous demande prier pour que nous ne cédions pas à la tentation, il ajoute ceci : « mais délivre-nous du mal. Car c'est à toi qu'appartiennent le règne, la puissance et la gloire. »

Dans son commentaire sur ce texte, Jean Calvin écrit : « À vrai dire, nos désirs sont la cause des tentations par lesquelles nous sommes vaincus. »[6]

Un chrétien né de nouveau ne doit donc pas construire son identité sur un vice ou un péché quelconque comme l'homosexualité. Un chrétien s'identifie à Dieu, le Père trois fois saint, qui a envoyé son Fils Jésus pour nous délivrer du mal. Il en a le pouvoir car sa puissance et sa gloire règnent dans celles et ceux qui lui appartiennent par le Saint-Esprit.

Qu'en est-il de l'identité ou de l'expression de genre ?

Voici ce que le Créateur déclare concernant l'identité de genre : « Dieu créa les hommes pour qu'ils soient son image, oui, il les créa pour qu'ils soient l'image de Dieu. Il les créa homme et femme. » (Genèse 1.27)

> Tu m'as fait ce que je suis, et tu m'as tissé dans le ventre de ma mère. Merci d'avoir fait de moi une créature aussi merveilleuse : tu fais des merveilles, et je le reconnais bien. Mon corps n'était pas caché à tes yeux quand, dans le secret, je fus façonné et tissé comme dans les profondeurs de la terre. Je n'étais encore qu'une masse informe, mais tu me voyais et, dans ton registre, se trouvaient déjà inscrits tous les jours que tu m'avais destiné alors qu'aucun d'eux n'existaient encore. (Psaume 139.13-16)

---

6   Jean Calvin, *Institution de la religion chrétienne*, Livre III, chapitre 20 (éditions KERYGMA, 2009), p. 847.

Chapitre 2

Et Jésus, qui a participé à la création, reprend lui-même ces paroles en disant :

> N'avez-vous pas lu dans les Écritures qu'au commencement le Créateur a créé l'être humain homme et femme et qu'il a déclaré : C'est pourquoi l'homme quittera son père et sa mère pour s'attacher à sa femme, et les deux ne feront plus qu'un ? (Matthieu 19.4-6)

Dans toute l'histoire de l'humanité, il semble que l'homme n'ait jamais été aussi perdu quant à son identité sexuelle. Certes, nous savons que les travestis existaient déjà à l'époque de l'Ancien et du Nouveau Testament puisque cette pratique est clairement dénoncée par Moise et par l'apôtre Paul (Deutéronome 22.5 ; 1 Corinthiens 6.9-10). Mais avec la « nouvelle norme » qui offre maintenant la possibilité de s'attribuer un nouveau genre grâce à un traitement hormonal et/ou une opération chirurgicale, nous avons fait un pas sans précédent en direction de la confusion des genres et de l'identité sexuelle. Aujourd'hui, on peut en effet changer de sexe ou tout simplement « s'identifier » au sexe opposé, ce qui signifie que l'identité sexuelle pourrait être remplacée par l'identité de genre dans le code pénal avec le soutien et la bénédiction du Laïcusvirus.

Voici quelques exemples de cette nouvelle façon de s'identifier (une liste qui s'allonge régulièrement) :

> On peut être « **cisgenre**, » ce qui signifie « le même » et désigne une personne dont l'expression et l'identité de genre sont conformes à son sexe biologique de naissance.

> On peut être « **transgenre**, » ce qui signifie « dif-

férent » et désigne les personnes dont l'identité de genre est différente du sexe biologique attribué à la naissance.

On peut être « **queer,** » ce qui signifie « bizarre » ou « étrange » et désigne les personnes qui associent leur identité de genre à un sentiment interne non-binaire.

On peut être « **androgyne,** » ce qui désigne une personne dont l'identité de genre ne s'identifie ni totalement à l'homme ni totalement à la femme.

Quand ces changements d'identité touchent la sexualité, on décrit l'orientation sexuelle des personnes de la façon suivante :

Sont **hétérosexuelles** les personnes qui sont attirées par les personnes de sexe opposé.

Sont **lesbiennes** ou **gay** les personnes qui sont attirées par les personnes de même sexe.

Sont **bisexuelles** les personnes qui sont attirées à la fois par les hommes et les femmes.

Sont **en questionnement** les personnes qui ne sont pas sûres de leur orientation sexuelle.

Toute cette confusion et toutes ces nouvelles orientations constituent en fait une nouvelle forme de rébellion contre le Créateur. Comme l'écrit Henri Blocher : « l'androgyne signifie le vœu d'autosuffisance, la centration en soi-même : être comme des dieux. »[7] Le désir d'être « comme des dieux » renvoie à la première rébellion de l'histoire dans le jardin d'Éden : « Vos yeux s'ouvriront et vous serez comme Dieu, choisissant vous-mêmes entre le bien et le mal. » (Genèse 3.5)

En voulant changer ce que Dieu a ordonné pour chaque être humain, en voulant changer ce qu'il a minutieusement et intrinsèquement fabriqué, façonné et tissé dans l'embryon de chaque mère, en voulant changer l'identité qu'il a choisi de donner à chacune de ses merveilleuses créatures, c'est un peu comme si l'homme disait : « Dieu, le genre que tu m'as attribué n'est pas le bon et ce que tu appelles "merveilleux" ne l'est pas pour moi. Mais grâce au pouvoir de la science et du progrès permis par le dieu Laïcusvirus, j'ai maintenant la possibilité de me prendre en charge et de changer les choses soi-disant merveilleuses que tu as faites. Je n'aime pas ce que tu as fait et je vais rectifier le tir. »

Cette nouvelle norme, cette rébellion contre le Dieu créateur est une nouvelle tour de Babel du haut de laquelle les hommes veulent s'émanciper de Dieu ou devenir des dieux. Cette pensée rejoint celle de Peter Jones, l'un de mes anciens professeurs, qui parle de *One-Ism* et de *Two-Ism*.[8] Voici un petit résumé de sa pensée. À partir de Romains 1.25 (« Ils ont remplacé la vérité de Dieu par le mensonge et qui ont adoré et servi la créature au lieu du Créateur [...] »), Peter Jones conclut que nous sommes tous face à deux scénarios possibles :

Soit il y a une seule réalité (tout est un et tout est

---

[7] La Revue réformée, numéro 292—Novembre 2019 (p. 58)

[8] Peter Jones, *One or Two: Seeing a World of Difference* (Escondido: Main Entry Editions, 2012).

divin), soit il y a deux sortes de réalité (Dieu et sa création), ces deux réalités étant complètement distinctes.

Soit le spirituel est en chacun de nous en symbiose avec la création, soit il est dans le Dieu créateur, trinitaire, extraordinaire, éternel, personnel, infini, transcendant, sage et aimant.

Soit les hommes sont empreints de puissance divine et vont pouvoir élever le monde déchu à un niveau supérieur de paix et d'harmonie ensemble, soit les hommes sont distincts du Créateur et doivent se tourner vers lui pour lui confier la restauration de l'humanité.

Soit toutes les religions ont une part de vérité et si nous les rassemblons toutes en une seule religion universelle, nous découvrirons la vraie spiritualité en adorant et servant la création, soit la vraie spiritualité se manifeste par l'adoration et le service du Créateur.

Soit les problèmes de l'humanité seront résolus en nous unissant autour du principe selon lequel « tout est un, » soit les problèmes de l'humanité seront résolus en nous repentant, en nous soumettant à l'autorité du Créateur, en acceptant notre identité de créatures et en obéissant aux lois de Dieu (obéissance motivée par l'amour de Dieu manifesté pour nous dans le don de son Fils).

Si notre vision du monde est ontologique (si notre compréhension de l'existence est panthéiste), alors l'homme peut effectivement tout faire, tout créer et donc tout décider lui-même (le sens de sa vie, la construction ou la reconstruction de sa propre identité et donc son changement de sexe). Si l'homme est divin, il est en droit de déterminer lui-même ce qui est bien et mal, vrai et faux, juste et injuste (il est individuellement sa propre référence).

Le christianisme est radicalement opposé à cette forme de panthéisme car, sur le plan ontologique et cosmologique, Dieu est le roi créateur, distinct et séparé de sa création, qui règne sur tout l'univers. C'est lui qui détermine ce qui est bien et mal, vrai et faux, juste et injuste. C'est à lui que nous devons respect et obéissance en prenant la responsabilité de bien gérer la création et nos vies selon ses lois et ses directives, et en acceptant avec joie la façon dont il a parfaitement façonné l'argile en tant que potier. Chaque être humain est une œuvre d'art qu'il ne nous appartient pas de changer.

La folie des hommes

La folie des hommes consiste à vouloir vivre sans Dieu. Le fait de vouloir vivre sans Dieu (en proclamant son autonomie vis-à-vis de lui) n'est pas sans conséquences physiques, émotionnelles et psychologiques.

En dehors des conséquences spirituelles liées à notre rébellion contre le Créateur, il y a des conséquences immédiates qui ne sont pas anodines. Pour celles et ceux qui choisissent de changer de sexe grâce à une opération chirurgicale ou un traitement hormonal, les risques d'aller à l'encontre de l'œuvre originelle du Créateur sont énormes. Voici ce qu'en disent certains spécialistes :

> Les principaux effets du THS (traitement hormonal de substitution) et du FTM (traitement hormonal masculin) produisent des

> changements irréversibles comme l'approfondissement de la voix, la croissance des poils du visage et du corps, l'androgénique calvitie, l'élargissement du clitoris, la poussée de croissance et la fermeture des plaques de croissance si elle est donnée avant la fin de la puberté, l'atrophie mammaire.[9]

Les spécialistes évoquent aussi les conséquences suivantes : modification de la peau, des cheveux et du visage, changements gynécologiques, augmentation des risques de cancer, changements neurologiques, psychologiques, cardiovasculaires, gastro-intestinaux et métaboliques, modifications osseuses, apnée obstructive du sommeil et polyglobulie notamment. Certains avancent l'argument de la chirurgie esthétique mais il y a une énorme différence entre le désir d'embellir son look, ce qui n'est pas sans risques suite à certaines opérations, et la métamorphose qui consiste à changer de sexe ou d'identité sexuelle.

Heureusement, il existe une issue de secours nous permettant de sortir de cette crise d'identité sexuelle. Grâce à l'Évangile, il est en effet possible de connaître une autre métamorphose, bien meilleure celle-là, et d'avoir une nouvelle identité.

La plus belle et la plus spectaculaire des métamorphoses

La plus belle et la plus spectaculaire des métamorphoses consiste à trouver sa nouvelle identité en Jésus : « Dieu créa les hommes pour qu'ils soient son image, oui, il

---

[9] Transgender_hormone_therapy_%28female-to-male%29

les créa pour qu'ils soient l'image de Dieu. Il les créa homme et femme. » (Genèse 1.27)

Dans la mesure où nous avons été créés à l'image de Dieu, cette image existe sous la forme d'un homme et d'une femme ensemble. Ainsi, le mariage hétérosexuel est un reflet de l'image et de la gloire de Dieu, que l'Écriture compare à l'union et à la gloire de Christ et de l'Église. Grâce à l'Évangile, Dieu restaure son image en l'homme, image qui a été défigurée par le péché. Jean Calvin définit cette corruption de la manière suivante : « Bien que nous confessions que l'image de Dieu n'a point été entièrement anéantie et effacée, elle est tellement corrompue qu'il n'en reste qu'une affreuse déformation. »[10]

Le péché a défiguré l'image de Dieu en l'homme et Jésus est venu restaurer cette image. Dans cette restauration ou reconstruction de l'image de Dieu en l'homme, Dieu a reproduit ce qu'il a fait dans le jardin d'Éden. Il parle de la restauration de cette image en termes d'hommes et de femmes ensemble.

---

10 Jean Calvin, *Institution de la religion chrétienne*, I, XV, 4 (éditions Excelsis, 2009).

CHAPITRE 3

Le mariage selon la Bible

Le **mariage biblique** est :

Une alliance entre un homme et une femme,
Une alliance devant Dieu et devant les hommes,
Une alliance scellée par le Christ.

Le mariage biblique est une alliance entre un homme et une femme

Il y a quelques années, l'académicien Jacques de Bourbon-Busset, descendant direct de Saint-Louis, poète, diplomate, écrivain, homme d'État et fervent chrétien décéda à l'âge de 89 ans. Voici ce qui fut écrit à son sujet dans un article du Figaro.

> Jacques de Bourbon Busset était porteur d'un secret intime. Celui de l'amour fou qu'il a

porté à son épouse, de leur mariage jusqu'à la disparition de celle-ci, 40 ans après. En 1974, il avait écrit : « Le véritable amour existe bien sûr, mais il existe dans le mariage. Comme l'arbre est dans la graine. Cela, la société ne peut l'admettre. »[1]

Quand cet écrivain de renom affirme que la société ne peut admettre que le véritable amour est possible, notamment dans le mariage, il fait allusion aux années 1970 1980 de notre ère. Pendant ces années pour le moins turbulentes, ce qu'on remet en question, c'est le mariage traditionnel entre un homme et une femme pour la vie (on ne pouvait concevoir un amour à la fois vrai et durable). Mais cet amour existe et il est tout à fait possible de le trouver si l'on prend la peine de chercher la « recette » au bon endroit.

Voici ce que Dieu dit dans le livre de la Genèse :

> « Il n'est pas bon que l'homme soit seul. Je lui ferai une aide qui soit son vis-à-vis. » C'est pourquoi un homme se séparera de son père et de sa mère, et s'attachera à sa femme, et les deux ne feront plus qu'un. (Genèse 2.18, 24)

Dès que Dieu crée l'homme et la femme, il en fait immédiatement un couple qui devient une seule chair. Dans le jardin d'Éden, Adam et Ève n'ont pas d'abord vécu en célibataires (ils n'ont pas décidé de se marier après une période d'essai).

---

[1] Article publié dans Le Figaro en mai 2001.

Chapitre 3

Ils n'ont pas d'abord vécu en célibataires

Pour le premier couple de l'histoire, la question du choix du conjoint ne se pose pas. Nous reviendrons plus tard sur l'importance de faire le bon choix dans ce domaine mais, pour l'instant, constatons simplement que, pour Adam et Ève, la question du choix ne se pose pas. Retenons aussi qu'Adam et Ève n'ont jamais envisagé de vivre en tant que célibataires, tout seuls dans leur coin du jardin. En fait, le célibat n'est pas la règle mais l'exception et concerne seulement certaines personnes (l'apôtre Paul parle d'un don particulier dans 1 Corinthiens 7.7). Nous reviendrons sur cette question au chapitre 10.

Y a de l'amour dans l'air !

Le premier mariage de l'histoire entre Adam et Ève est un véritable mariage d'amour et Dieu n'est autre que le maître de cérémonie. Comment savons-nous qu'il s'agit d'un mariage d'amour ? Quand Dieu crée la femme, il la prend de l'homme et l'amène vers lui (Genèse 2.21-22). Mais ce qui ne transparaît pas dans nos traductions, c'est la surprise d'Adam quand il voit Ève pour la première fois. En français, nos traductions se contentent de dire, qu'en apercevant Ève pour la première fois, Adam s'exclame simplement : « Voici cette fois-ci celle qui est os de mes os et chair de ma chair ! » (Genèse 2.23) Mais ce n'est pas très poétique ! On a en effet l'impression qu'Adam découvre Ève comme s'il s'agissait d'un spécimen dans un laboratoire : « Alors voyons, c'est bien de la chair, les os semblent solides, elle a une tête, deux bras et deux jambes comme moi... » Mais ce n'est pas du tout le sens du texte ! Quand Adam s'écrie « Os de mes os, chair de ma chair » (une expression poétique en hébreu), il exprime sa joie et son exaltation : il est complètement bouleversé par cette rencontre. En français, on dirait : « Ouah, regarde-moi ça ! » Et depuis des milliers d'années, quelles que soient leurs origines, leur éducation, leur niveau vie, leur culture ou leur langue, des hommes et des femmes tombent amoureux et s'exclament : « Ouah, oh là là, regarde-moi ça ! » En utilisant cette expression, Adam comprend ce que Dieu vient de faire. Avant de s'écrier « Os de mes os, chair de ma chair, » on apprend en effet qu'Adam n'a pas trouvé « d'aide qui soit son vis-à-vis » parmi toutes les créatures. Non, décidément, aussi précieux et attachants soient-ils, les animaux domestiques ne pourront jamais remplacer les êtres humains.

Le mariage biblique est une alliance devant Dieu et devant les hommes

Deux personnes sont-elles mariées simplement lorsqu'elles s'aiment ? Deux personnes sont-elles mariées simplement parce qu'elles couchent ensemble ? Deux personnes sont-elles mariées simplement parce qu'elles décident de vivre en couple et promettent d'être fidèles ? La réponse est non !

Le livre de l'Exode envisage la situation suivante :

> Si un homme séduit une jeune fille non encore fiancée et couche avec elle, il devra payer sa dot et la prendre pour femme. Si le père refuse absolument de la lui accorder, il paiera en argent la dot habituelle des jeunes filles vierges. (Exode 22.15-16)

Sans rentrer dans les détails, le but de cette dot est, entre autres, d'assurer la protection sociale et économique de la jeune fille qui, n'étant plus vierge, ne pourra peut-être plus trouver de mari. D'un point de vue biblique, ce n'est donc pas parce que deux personnes s'aiment et couchent ensemble qu'elles sont mariées. Dans la Bible, il y a d'ailleurs un mot précis (« fornication ») qui décrit la pratique de la sexualité en dehors du mariage, pratique considérée comme un péché (1 Corinthiens 6.18 ; Éphésiens 5.1-4).

Il en est de même pour celles et ceux qui font des promesses, se marient en privé et déclarent qu'ils se considèrent mariés. En fait, le mariage tel qu'il existe dans la Bible est un événement public impliquant des témoins et des promesses de fidélité mutuelle (c'est ainsi que se concluaient les alliances à l'époque).

Dans la mesure où il n'y avait pas d'autres hommes sur la terre, le témoin du premier mariage de l'histoire n'est autre que le Dieu trinitaire. Mais nous trouvons déjà dans ce mariage le concept d'une alliance entre Dieu et le premier couple de l'histoire. Dans Genèse 2.24, c'est Dieu qui donne Ève à Adam et c'est lui qui prononce cette fameuse phrase qui est répétée lors de chaque mariage : « C'est pourquoi un homme se séparera de son père et de sa mère et s'attachera à sa femme, et les deux ne feront plus qu'un. »

Un mariage chrétien est donc une alliance conclue publiquement et impliquant des témoins et des promesses de fidélité mutuelle. D'ailleurs, ce n'est pas un hasard si l'anneau qui est passé à l'annulaire gauche de chaque marié s'appelle une « alliance. »

Parlant du premier mariage de l'histoire, Pierre Courthial écrit :

> Il est remarquable que les commandements de

> l'Alliance édénique ne visent pas seulement des personnes individuelles, Adam et Ève, mais des communautés. « L' homme » comprend, en Adam, toute la race humaine dont il est le chef et le représentant. Avec Adam et Ève, Dieu établit le mariage et la famille. (Genèse 1.26-28 ; 18-24) L'Alliance a une portée tant communautaire qu'individuelle, entraînant ainsi des responsabilités tant individuelles que communautaires.[2]

Certes, chaque société a son propre système. En France, nous passons devant le ou la maire. Mais même dans ce cas, c'est toujours officiel et public (les mariés s'engagent devant des témoins). Quand j'étais pasteur au Québec, en tant que ministre du culte, j'avais l'autorisation de marier les gens en tant qu'officier de l'état civil. Mais là encore, c'était toujours un événement public impliquant des promesses de fidélité et des témoins.

Dans le livre du Deutéronome (22.13), nous constatons à quel point le mariage biblique revêt un caractère social et public important puisque ce sont les anciens de la ville qui doivent intervenir en cas de litige et de remise en question de la virginité de l'épouse. Dans Genèse 34, nous lisons l'histoire terrible de Sichem qui s'éprend de Dina, la fille de Jacob, couche avec elle, l'aime à folie, gagne son cœur et veut l'épouser pour tout régulariser. Mais les frères de Dina considèrent que leur sœur a été traitée comme une prostituée et la vengent !

Dans l'Ancien Testament, les mariages sont donc toujours des événements publics impliquant le consentement du

---

[2] Pierre Courthial, *Le jour des petits commencements* (Lausanne : éditions Messages, 2019), p. 31.

père de la jeune fille, le versement d'une dot (garantie accordée à l'épouse en cas de décès du mari), des témoins et des promesses.

Dans le Nouveau Testament, les mariages sont organisés de la même manière. Jésus a fait son premier miracle en changeant de l'eau en vin dans le cadre très public des noces de Cana. Quant au verset-clé de Genèse 2.24, verset instituant le mariage biblique et concernant nos premiers parents avant la chute, il est répété à plusieurs reprises après la chute dans l'Ancien comme dans le Nouveau Testament.

Le mariage biblique est une alliance scellée par le Christ

On pose souvent la question suivante : un chrétien peut-il épouser une non-chrétienne et vice-versa ?

Dans l'Ancien Testament, nous lisons ceci :

> Tu ne contracteras pas de mariage avec ces peuples [non-juifs], tu ne donneras pas ta fille a leur fils et tu ne prendras pas leur fille pour ton fils ; car ils écarteraient de moi tes fils, qui rendraient un culte à d'autres dieux, et la colère de l'Éternel s'enflammerait contre vous. (Deutéronome 7.3-4, Nouvelle version Segond révisée)

Dans le Nouveau Testament, l'apôtre Paul écrit :

> Ne formez pas avec les incroyants un attelage disparate. Car quelle association y a-t-il entre la justice et l'iniquité ? Ou quelle communion entre la lumière et les ténèbres ? Et quel accord

> entre Christ et Bélial ? Quelle part le croyant a-t-il avec le non-croyant ? Quel contrat d'alliance entre le temple de Dieu et les idoles ? (2 Corinthiens 6.14-15, Nouvelle version Segond révisée)

Ces deux textes, parmi tant d'autres, indiquent clairement que, dans le plan de Dieu, un mariage entre un croyant et un non-croyant est totalement inenvisageable, et ce pour une bonne raison. Une telle alliance éloignerait le croyant de son Créateur et le ferait tomber dans l'idolâtrie, dont une version moderne n'est autre que le Laïcusvirus. Pour Dieu, il n'y a pas de mélange possible entre la justice telle qu'elle est décrite dans la Bible et l'iniquité de ceux qui rejettent les voies de Dieu. La lumière et les ténèbres sont incompatibles. La lumière fait disparaître les ténèbres et les ténèbres, pour conserver leur obscurité, doivent complètement recouvrir ou étouffer la lumière.

Si le Christ est au centre du mariage chrétien, c'est parce qu'il est celui qui scelle et cimente l'union entre un homme et une femme. Si le mot chrétien signifie « suivre Christ, » comment suivre le Seigneur quand l'un des deux conjoints est, par définition, quelqu'un qui ne le suit pas ? Qui va encourager l'autre, qui sera plus fort et dans quelle direction le plus fort va-t-il entraîner l'autre ?

Certains avanceront l'objection suivante : « Mais n'y a-t-il pas une place pour la tolérance dans le plan de Dieu ? » C'est en tout cas ce que le Laïcusvirus veut nous faire croire : la tolérance serait la preuve irréfutable de la garantie de la stabilité et de la bonne santé d'une société. Autrement dit, tout est toléré... sauf l'intolérant, c'est à dire celui ou celle qui prétend qu'il n'y a qu'un seul Dieu, un seul Sauveur et un seul Seigneur.

Non seulement il n'y a aucune comparaison entre le Dieu créateur et les créatures qui inventent leurs propres dieux, mais il n'y a aucune comparaison non plus entre le Dieu créateur et les dieux fabriqués par les hommes. De la même manière qu'il est impossible de faire fonctionner une imprimante avec la mauvaise cartouche d'encre, il est impossible d'essayer de concilier la loi des hommes lorsque celle-ci va à l'encontre de la loi de Dieu. On a raison de dire que « l'amour est aveugle » quand un croyant tombe follement amoureux d'un non-croyant et choisit de minimiser la problématique d'une telle union (une union qui n'est plus un couple « deux en un » mais un couple « un et un »). En effet, avec deux pensées différentes et incompatibles entre elles, comment transmettre l'Évangile aux enfants qui seront le fruit de cette union ? Le non-croyant dira peut-être qu'il est neutre mais la neutralité est un mythe (la vraie neutralité n'existe pas). Même s'il prétend le contraire et même s'il veut être vraiment neutre, un croyant n'est jamais totalement neutre. Même quand il ne dit rien, il parle quand même, il communique, il fait des choix, il transmet un message, une philosophie et des valeurs qui ne sont pas celles de Dieu. Et les enfants font très vite la différence.

Dans la famille chrétienne, qui a sa propre culture, son langage, ses habitudes, ses traditions, tout s'envisage dans la perspective de l'existence de Dieu et tout provient d'un amour profond pour Dieu. Le vrai christianisme biblique n'est pas un simple compartiment de la vie : il implique toute la personne et toute la vie. On n'est pas chrétien le dimanche matin pour ensuite ranger sa foi dans un tiroir jusqu'au dimanche suivant. On est chrétien quand on est à la maison ou au travail, quand on se détend, quand on est en vacances, quand on choisit de regarder un film, de pratiquer une activité ou de donner de l'argent. Autrement dit, on est chrétien jour et nuit ! Un mariage est un peu comme un attelage composé de deux personnes et dans le cadre duquel il y a toujours un leader qui dirige la famille dans un sens ou dans l'autre. Si ce leader est non-croyant, il va forcément entraîner l'attelage dans un sens opposé à l'Évangile, frustrant ainsi le conjoint croyant. Et si c'est le leader de l'attelage qui est croyant et qui dirige l'attelage vers les voies de Dieu, c'est le conjoint non-croyant qui sera frustré.

Puissions-nous dire avec Josué :

> Si vous ne pensez pas devoir servir l'Éternel, choisissez aujourd'hui qui vous voulez servir ; ou les dieux que servaient vos pères au-delà du fleuve... moi et ma maison, nous servirons l'Éternel. (Josué 24.15, Nouvelle version Segond révisée)

CHAPITRE 4

L'ordre chronologique de l'institution du mariage

> « C'est pourquoi l'homme quittera son père et sa mère et s'attachera à sa femme, et ils deviendront une seule chair. » (Genèse 2.24, Nouvelle version Segond révisée)

Pour s'attacher à sa femme et devenir une seule chair avec elle, il faut que l'homme quitte son père et sa mère. Remarquons à quel point cet ordre chronologique originel est aujourd'hui presque toujours inversé. De nos jours, la grande mode sociétale consiste d'abord à avoir des relations sexuelles (devenir « une seule chair ») puis à envisager de s'engager en se mariant ou en se pacsant pour enfin quitter papa et maman s'il y a compatibilité.

Pour remettre les pendules à l'heure, il faut revenir à la norme de la Parole de Dieu et au manuel d'utilisateur du couple tel que le Créateur l'a conçu dès le commencement.

Dans Genèse 2.24, l'ordre créationnel consiste à quitter son père et sa mère pour s'attacher à la personne de l'autre sexe en vue de s'unir, de devenir une seule chair et de vivre une sexualité épanouie telle que Dieu l'a conçue.

1. Quitter : Tout commence par une séparation. Le fait de quitter ses parents implique un sevrage émotionnel, financier et, parfois dans les premiers temps, géographique. L'expérience montre que les jeunes adultes qui auront du mal à quitter leurs parents auront souvent du mal à s'engager pleinement dans le mariage. Le fait de quitter ses parents implique aussi un transfert d'autorité et de responsabilité, et ce changement ne concerne pas seulement le nouveau couple qui se forme mais aussi les parents vis-à-vis de leur nouveau rôle. Les parents sont et seront toujours des parents mais leur nouveau rôle consistera à soutenir et à conseiller leurs enfants avant de devenir, si Dieu le permet, des grands-parents.

2. S'attacher : Si vous avez déjà essayé d'ouvrir des huîtres, vous comprendrez peut-être l'origine et le sens du verbe « s'attacher » en hébreu : l'attachement d'un couple est comparable à la force du lien qui unit les deux coquilles formant une huître (il faut beaucoup de force et un outil très spécial pour les séparer). Le fait de s'attacher à sa femme renvoie à l'idée de permanence, ce que confirme Jésus quand il dit : « Que l'homme ne sépare donc pas ce que Dieu a uni. » (Matthieu 19.6) Qu'un mariage soit célébré par un maire, un curé, un pasteur ou un rabbin, il est avant tout célébré dans la présence de Dieu qui unit un homme et une femme (c'est lui qui a uni le premier couple de l'humanité). Par conséquent, dans la perspective divine, la notion d'union temporelle ou de période d'essai n'existe pas : le mariage est un acte qui implique un engagement devant les hommes et devant Dieu. Bien entendu, un mariage républicain est un mariage valide aux yeux de Dieu mais, après ce mariage, les chrétiens vont à l'église pour échanger des promesses devant Dieu et devant les hommes, entendre la Parole de Dieu, le célébrer dans la joie et recevoir sa bénédiction.

3. Devenir une seule chair : En grec, la langue du Nouveau Testament, il y a trois mots pour parler d'amour, trois mots pour dire « Je t'aime » (éros, philéo et agapé), trois mots qui sont essentiels au bon fonctionnement d'un mariage. Cependant, quand l'homme et la femme deviennent « une seule chair, » c'est la notion érotique de l'amour qui est en vue :

> « Ne vous refusez donc pas l'un à l'autre, » dira l'apôtre Paul aux Corinthiens (1 Corinthiens 7.5).

Face aux dangers de la tentation, le sage du livre des proverbes écrit ceci :

> Bois les eaux de ta citerne, celles qui sortent de ton puits, tes sources doivent-elles se répandre au dehors, tes ruisseaux doivent-ils couler sur les places publiques ? Qu'ils soient pour toi seul, et non pour des étrangers avec toi. Que ta source soit bénie, et fais la joie de la femme de ta jeunesse, Biche des amours, gazelle pleine de grâce : Sois en tout temps enivré de ses charmes, sans cesse épris de son amour. (Proverbes 5.15-19, Nouvelle version Segond révisée)

Ce texte révèle trois choses importantes concernant la sexualité. Dans le cadre du mariage, l'amour érotique est :

1. Un don de Dieu qui procure de la joie.
2. Un amour exclusif : « Bois les eaux de ta citerne. »
3. Un amour durable : « Sois en tout temps enivré de ses charmes. »

Le Cantique des cantiques est un livre inspiré de Dieu qui est en grande partie consacré à l'amour érotique dans le cadre du mariage. Les chapitres 4 et 5 sont particulièrement explicites et montrent l'importance de la communication verbale et du visuel de l'union sexuelle. En voici quelques extraits :

> Que tu es belle ma compagne, que tu es belle ! Tes yeux sont des colombes derrière ta voile, ta chevelure est comme un troupeau de chèvres [...] Tes lèvres sont comme un cordon écarlate, et ton langage est charmant [...] Tes deux seins sont comme les deux petits jumeaux d'une gazelle [...] Tu me ravis le cœur par un seul de tes regards [...] Que de beauté dans ta tendresse [...] Tes lèvres distillent le miel [...] (Cantique des cantiques 4.1-11, Nouvelle version Segond révisée)

> Mon bien-aimé est blanc et vermeil, il se signale entre dix mille, sa tête est de l'or pur, ses boucles sont flottantes, noires comme le corbeau, ses yeux sont comme des colombes... (Cantique des cantiques 5.10-11, Nouvelle version Segond révisée)

Chapitre 4

En général, avant de se livrer, les femmes sont plus profondément touchées par ce qu'elles entendent tandis que les hommes sont plus sensibles à ce qu'ils voient.

Mais la sexualité a aussi ses ennemis ! En voici quelques exemples :

> 1. La **pornographie** est de plus en plus accessible sur Internet mais aussi de façon plus subtile dans un grand nombre de publicités. La pornographie est un mensonge qui présente la femme en tant qu'objet et qui nous fait croire qu'il s'agit d'une sexualité libre et épanouie. De nombreuses études menées par des non-chrétiens démontrent à quel point la pornographie dénature la vraie sexualité et révèlent le danger d'une véritable addiction, sans parler d'un dérèglement possible du cerveau.

Comme l'écrit Rachel Ann Barr :

> La consommation excessive de pornographie a un impact sur le « câblage neuronal » de notre cerveau. Des scientifiques ont constaté des répercussions désastreuses pour le psychisme et la vie sexuelle à long terme : dépression, anxiété, incapacité d'avoir une érection ou d'atteindre l'orgasme avec un partenaire réel.[1]

Dans le cadre de la pornographie, les corps quasi parfaits des femmes (et maintenant des hommes) sont non seulement souvent trafiqués grâce à la technologie de l'image mais proposent aussi un idéal physique sur lequel notre conjoint ne peut pas s'aligner. L'industrie pornographique prône de surcroît une philosophie mensongère qui nous fait

---

1 Article de Rachel Anne Barr, docteur en neurosciences (11 décembre 2019).

croire que l'on peut parfaitement s'épanouir sur le plan sexuel en changeant de partenaires ou en ayant de petites aventures amoureuses.

> 2. La **télévision** et **Internet** (Facebook et Twitter notamment) peuvent également nous voler notre sexualité. Mes enfants ont grandi en m'entendant souvent dire : « Il ne faut pas que le bon devienne l'ennemi du meilleur. » La télévision et Internet sont de bonnes choses en soi mais, comme toute bonne chose, elles sont à consommer avec modération. Le danger d'une overdose d'Internet et de télévision, c'est de glisser dans une grande passivité et de passer des heures à se divertir. On finit ainsi par se coucher tard et le couple, chacun devant son écran, s'intéresse plus à la vie des autres qu'à la vie de l'autre. La triste conséquence de cette attitude, c'est que le couple ne communique plus et ne fait plus aussi souvent l'amour.

> 3. La **fatigue physique et émotionnelle** constitue également un obstacle à la sexualité et, là encore, les couples doivent apprendre à gérer leurs emplois du temps pour laisser derrière eux, autant que faire se peut, les soucis du travail pour être pleinement présents et prendre le temps de se retrouver en amoureux.

La sexualité est un cadeau extraordinaire qui permet au couple de fusionner. Il est donc important de protéger ce don précieux qui, comme Dieu nous le rappelle, est aussi un devoir conjugal.

> Que le mari rende à sa femme ce qu'il lui doit,
> et de même, la femme a son mari. La femme

n'a pas d'autorité sur son propre corps, mais c'est le mari, et, pareillement, le mari n'a pas d'autorité sur son propre corps, mais c'est la femme. Ne vous privez pas l'un de l'autre, si ce n'est momentanément d'un commun accord, afin d'avoir du temps pour la prière ; puis retournez ensemble, de peur que Satan ne vous tente par votre incontinence. (1 Corinthiens 7.3, Nouvelle version Segond révisée)

Littéralement, on pourrait lire le texte original de la façon suivante : « Que le mari rende à sa femme son droit conjugal, et que la femme rende à son mari son droit conjugal. »

Pour des raisons qui peuvent être multiples (ménopause chez la femme ou problèmes d'érection chez l'homme), il arrive parfois qu'un couple traverse des périodes de « sècheresse sexuelle. » La clé, c'est de pouvoir en parler, le « commun accord » étant le principe fondamental d'une sexualité épanouie. Si un couple en a vraiment besoin, il peut solliciter une aide extérieure mais doit aussi faire preuve de prudence dans ce domaine.

« Prudents comme des serpents et innocents comme des colombes »

Ces paroles de Jésus rapportées dans Matthieu 10.16 prennent tout leur sens quand on parle de sexualité aujourd'hui.

Après avoir écrit un livre sur la joie et les merveilles de la sexualité dans le cadre du mariage, Elisabeth Elliot a rappelé ceci à sa fille qui était sur le point de se marier :

> Ça ne sera pas toujours évident et simple. Dans ce domaine, comme d'ailleurs dans tous les autres domaines de la vie, même avec une vie de couple solidement établie, tu auras parfois des moments où tu réaliseras que tu as besoin d'aide. Souviens-toi d'abord que c'est l'amour, « un cœur en apprentissage permanent, » qui va te dire ce que tu dois faire. Non seulement le fait de s'inquiéter ne fera pas avancer les choses mais en plus, les inquiétudes vont peut-être te détruire. L'apôtre Paul écrit : « Ne vous inquiétez de rien, mais en toutes choses, faites connaître vos besoins à Dieu avec des prières et des supplications [...] » C'est Dieu qui a créé la sexualité. Il s'intéresse à tous les détails de ta vie et cela inclut la sexualité. Tu peux lui en parler. Il ne sera jamais surpris, choqué ou embarrassé par tes questions. Il a promis de t'accorder de l'aide et de la sagesse dans tous les domaines de ta vie.[2]

À mon avis, de nombreux livres de psychologie ou de thérapie dites « chrétiennes » entrent trop souvent dans l'intimité et les détails de la sexualité du couple et peuvent, de ce fait, l'empêcher d'avoir une sexualité épanouie.

Concernant la sexualité, Elisabeth Elliot a également écrit à sa fille :

> Comme tu le sais, généralement, j'hésite à me prononcer sur l'aspect parfois trop technique de la sexualité. Quand j'étais à l'université, on avait souvent des discussion profondes et in-

---

2 Elisabeth Elliot, *Let Me Be a Woman* (Wheaton: Tyndale House Publishers, 1976), p. 170 (passage traduit par Francis Foucachon).

> terminables autour de certains passages complexes du Nouveau Testament en grec. On s'attachait à trouver le sens d'un texte à partir d'une simple variante grammaticale comme l'emploi d'un mode grammatical ou d'une conjugaison, et je me souviens qu'un jour, un étudiant a fait la remarque suivante : « En consacrant tant de temps à l'étude technique d'un texte, vous risquez de passer à côté de la bénédiction que ce texte vous apporte. » C'est un peu pareil dans le domaine avec la sexualité. Attention à tous ces livres qui offrent tant de conseils sur le comment de la sexualité ! Il y a un réel danger dans une analyse trop profonde. Ce n'est pas en décortiquant une rose et en la dépouillant de tous ses pétales qu'on va comprendre le sens profond de cette fleur et de sa beauté. Ce n'est pas en retirant une braise des flammes qu'on pourra l'examiner car elle disparaîtra dès qu'elle sera hors de son environnement naturel. Le fait de passer trop de temps à éplucher et analyser les revues techniques et scientifiques du mécanisme de la sexualité constitue un véritable danger.[3]

Chaque couple a sa propre « tour d'ivoire » privée et, dans cette tour, l'intimité de chaque couple est différente. Il est important de lire un bon livre de base sur la sexualité mais, à force de lire et de chercher à imiter le couple parfait, qui n'existe pas, on risque d'avoir des attentes irréalistes et d'être profondément frustrés.

---

3 Ibid., p. 166.

CHAPITRE 5

Le mariage 4x4

Je suis fan de 4x4, un moyen de transport passe-partout qui peut vous emmener sur toutes sortes de terrains. Avec un bon 4x4, on peut rouler dans le sable fin ou dans la boue sans s'enliser. On peut gravir des obstacles et, grâce aux quatre roues motrices, on peut garder le véhicule en équilibre sans qu'il se renverse. Un bon conducteur de 4x4 vous procurera du plaisir et des sensations fortes tout en vous emmenant sain et sauf à votre destination finale.

Un mariage 4x4 est également un mariage « passe-partout, » c'est-à-dire un mariage qui peut traverser toutes sortes d'épreuves, franchir toutes sortes d'obstacles sans se « renverser » et atteindre sa destination finale en procurant du plaisir et des sensations fortes. Les quatre roues motrices d'un mariage biblique sont quatre types d'amour qui « roulent » en harmonie.

L'amour pour Dieu

L'amour pour Dieu est la pierre angulaire d'un bon mariage biblique qui ne peut se compromettre en acceptant l'absolutisme des lois du dieu Laïcos.

> Tu aimeras l'Éternel, ton Dieu, et tu observeras toujours ses préceptes, ses prescriptions, ses ordonnances et ses commandements [...] Si vous obéissez à mes commandements que je vous donne aujourd'hui, pour aimer l'Éternel, votre Dieu, et pour lui rendre un culte de tout votre cœur et de toute votre âme [...] Vous mettrez dans votre cœur et dans votre âme mes paroles que voici. Vous les lierez comme un signe sur vos mains, et elles seront comme des fronteaux entre vos yeux. Vous les enseignerez à vos fils et vous leur en parlerez quand tu seras assis dans ta maison, quand tu iras en voyage, quand tu te coucheras et quand tu te lèveras. Tu les écriras sur les poteaux de ta maison et sur tes portes. (Deutéronome 11.1, 13, 18-20, Nouvelle version Segond révisée)

Un tel amour pour Dieu passe également par une communion avec son Fils Jésus-Christ (1 Jean 1.3), le Sauveur qui nous purifie de tout péché (1 Jean 1.7), le Seigneur de nos vies (Romains 10.9). Aimer Dieu, c'est aimer Jésus et aimer Jésus, c'est aimer l'Église, l'Épouse de Christ (Éphésiens 4.11-16). Cet amour pour Dieu, pour Jésus et pour son Église va inévitablement influer sur le choix du partenaire avec lequel nous allons passer le reste de notre vie. Il n'y a pas de « recette miracle » pour trouver la bonne personne à épouser et personne n'est absolument parfait.

Cependant, quand on choisit d'obéir à la Parole de Dieu et quand on épouse une personne chrétienne, on a ceci en commun d'aimer Dieu, d'aimer Jésus et d'aimer son Église. Cet amour nous permettra aussi de construire notre mariage sur des bases communes qui vont avoir un effet direct sur les trois autres roues de notre 4x4.

L'amour éros

L'amour éros, c'est l'amour sexuel. Comme nous l'avons déjà dit et développé dans le chapitre précédent, la sexualité telle que le Créateur l'a conçue se vit dans le cadre du couple. L'homme et la femme ont en effet quitté leurs parents pour s'attacher et créer *ensemble* une nouvelle cellule familiale mais aussi pour vivre *ensemble* une sexualité qui se travaille, se développe et s'épanouit avec le temps. Ici, dans la perspective du Dieu créateur (perspective malheureusement déformée dans la vie de beaucoup de couples à cause du Laïcuvirus), le mot-clé est « ensemble. »

Le mensonge du Laïcusvirus : du déjà-vu !

Le plus grand ennemi d'une sexualité épanouie, c'est le Laïcusvirus qui se présente sous la forme d'un certain bien-être et qui est enseigné à nos enfants dès le plus jeune âge. Si vous lisez attentivement le programme de l'éducation à la sexualité du Ministère de l'éducation nationale (« Éduscol, pour l'école de la confiance »[1]), vous trouverez *a priori* un certain nombre de bonnes choses.

---

1 https://www.education.gouv.fr/la-loi-pour-une-ecole-de-la-confiance-5474

Effectivement, qui oserait contester l'importance de l'estime de soi, de la confiance en soi, de la relation aux autres, du côté néfaste de la pornographie, des abus et des violences sexuelles ? Le problème, c'est que cette même philosophie fait aussi la promotion d'une orientation sexuelle soi-disant épanouie et essentielle pour l'harmonie et la bonne marche de la société. Elle présente ainsi l'homosexualité et la fornication comme la nouvelle norme qui va nous libérer des vieux tabous d'un Dieu rabat-joie qui voudrait nous priver d'un plaisir et d'un bonheur qu'il ne voudrait pas partager avec ses créatures. Mais tout ça, c'est du déjà vu ! Souvenons-nous que le serpent du jardin d'Éden, le menteur par excellence, ne s'est pas présenté à nos premiers parents comme le diable mais, bien au contraire, comme un bienfaiteur promettant la plénitude de la vie à tous ceux qui mangent du fruit défendu. Ève lui rappelle alors la parole de Dieu qui a clairement interdit aux hommes de manger de ce fruit : « vous mourrez. » Réponse du serpent :

> Vous ne mourrez pas du tout ! Mais Dieu sait que le jour où vous en mangerez, vos yeux s'ouvriront, et vous serez comme des dieux qui connaissent le bien et le mal. La femme vit que l'arbre était bon à manger, agréable à la vue et propre à donner du discernement. (Genèse 3.4-6, Nouvelle version Segond Révisée)

Le Laïcusvirus est une idéologie sociale qui trompe notre jeunesse en remettant en question le mode d'emploi de la sexualité rédigé par notre Créateur. Comme si Dieu voulait nous priver de choses magnifiques qui nous permettraient de nous épanouir. Comme s'il nous interdisait sans cesse de toucher à certaines choses pour nous priver du plaisir sexuel. En fait, c'est tout le contraire...

Chapitre 5

Un seul arbre, un seul fruit défendu

Le jardin d'Éden était rempli d'arbres de toutes sortes portant de bons fruits à consommer sans modération. Le fruit d'un seul arbre était défendu. De même, à l'origine, la sexualité telle que Dieu l'a conçue est une sexualité pleine de plaisirs et de bons fruits à croquer, des plaisirs qui évoluent et qui changent au fil du temps dans le cadre d'une constante découverte de l'autre, de la liberté sans tabous du don de soi et du plaisir que l'on procure à l'autre. C'est au sein de cette abondance de plaisirs sexuels et de découvertes qu'un seul fruit est défendu, fruit qui semble bon à manger et agréable aux yeux mais qui porte en lui la mort et la destruction. Ce fruit défendu consiste en l'acte sexuel en dehors du mariage et provient de l'arbre de la connaissance du bien et du mal telle qu'ils sont définis par le Créateur. Cet arbre porte en lui le fruit de la mort dans le sens où il tue le véritable amour et la véritable sexualité.

Construire ou restaurer l'amour éros ?

Pendant plusieurs années, avec mon épouse, j'ai eu l'occasion d'aider beaucoup de couples en difficulté. Principale raison de ces difficultés : ces couples avaient inversé l'ordre chronologique originel consistant à quitter ses parents pour ensuite s'attacher et devenir une seule chair. Le fait d'avoir des relations sexuelles en dehors des lois que Dieu a prescrites a toujours des conséquences négatives. Mais par la grâce de Dieu, nous avons été témoins de merveilleuses reconstructions parmi ces couples.

Permettez-moi de faire une analogie entre la construction

d'une maison neuve et la restauration d'une maison ancienne, en gardant bien sûr à l'esprit qu'une analogie a toujours ses limites. Avant de suivre les cours de la Faculté de théologie d'Aix-en-Provence, j'ai travaillé dans le bâtiment en Floride, où j'ai eu l'occasion de participer à la construction de maisons neuves ainsi qu'à la restauration de maisons plus anciennes. On peut faire de très belles choses avec d'anciennes maisons restaurées mais c'est souvent assez compliqué, plus long, plus coûteux et il faut parfois démolir pas mal de choses avant de pouvoir reconstruire. À l'inverse, quand on construit des maisons neuves, on peut faire des choses beaucoup plus belles car on construit sur des fondations solides à partir de plans bien pensés et bien réfléchis. Bref, quand on construit du neuf, on fait exactement ce qu'on veut comme on en a rêvé depuis longtemps.

Si j'écris ce chapitre, c'est notamment pour celles et ceux qui ne sont pas encore mariés et qui ont compris et accepté que le plan du Créateur pour le couple et la joie de la sexualité se trouvent dans la construction de maisons neuves (le fait de se garder sexuellement pur pour son futur conjoint et de se préparer à un engagement à vie). Écoutez les conseils du sage dans cet hymne à l'amour du Cantique des cantiques : « Je vous en conjure, filles de Jérusalem, par les gazelles, par les biches de la campagne, n'éveillez pas l'amour, ne réveillez pas l'amour avant qu'elle le souhaite. » (Cantique des cantiques 2.7, Nouvelle version Segond révisée)

L'amour éros en hibernation

« N'éveillez pas l'amour, ne réveillez pas l'amour avant qu'elle le souhaite » : cet impératif est une exhortation à garder précieusement ce trésor qu'est l'amour pour le conjoint que Dieu a prévu pour nous. Sur le plan pratique, le fait de ne pas éveiller ou ne pas réveiller l'amour « avant qu'elle le souhaite » revient à se garder pur dans son corps et dans son cœur. Les hormones sexuelles étant particulièrement intenses pendant l'adolescence, il y a un certain nombre de précautions à prendre pour « dompter » et « contrôler » ces émotions. Le sage du Cantique des cantiques n'est pas contre la sexualité et ne cherche pas à nous priver d'un bien. Au contraire : c'est parce qu'il sait comment ça fonctionne qu'il nous en livre la recette. Et voici comment l'amour est censé fonctionner. Une fois que l'amour sexuel est déclenché, on ne peut plus l'arrêter (c'est comme ça qu'il a été conçu). Quand les pulsions sexuelles sont réveillées, ces pulsions ressemblent à un petit ruisseau qui grossit, qui devient un torrent et qui, très vite, accumule une telle force qu'il n'est plus possible de l'arrêter (les hommes ne sont pas censés freiner la façon dont Dieu a conçu l'humanité). Tout commence par l'innocence d'un baiser. Ensuite, on se touche, on se caresse, c'est enivrant et c'est normal qu'il en soit ainsi (tout ça est censé aboutir à l'acte sexuel). Lisons un autre extrait du Cantique des cantiques :

> Fais de moi comme une empreinte sur ton cœur, comme une empreinte sur ton bras, car l'amour est aussi fort que la mort, la passion est aussi inflexible que le séjour des morts. Ses ardeurs sont des ardeurs de feu, une flamme de l'Éternel. Les grandes eaux ne pourront pas éteindre l'amour ni les fleuves le submerger.
> (Cantique des cantiques 8.6-7, Segond 21)

Même pour ceux qui interprètent le Cantique des cantiques comme un livre allégorique décrivant l'amour du Christ pour son Église ou son Épouse, cela ne change en rien l'interprétation de ceux qui interprètent le Cantique des cantiques plus littéralement. Ce texte, qui reste un hymne à l'amour, décrit la force extraordinaire de l'amour contre laquelle il est quasiment impossible de lutter. D'où l'importance de ne pas réveiller l'amour « avant qu'elle le souhaite. » Mais quand le temps du réveil a sonné, la lune de miel n'est qu'un avant-goût d'une longue et merveilleuse découverte sexuelle dans le contexte et la protection du mariage. Cet « amour aussi fort que la mort » devra cependant s'accompagner d'un autre amour, la troisième roue de notre 4x4.

L'amour philéo

L'amour philéo, c'est l'amour qui s'exprime dans le cadre d'une amitié profonde entre certaines personnes. L'amour philéo est réservé aux vrais amis, à ceux en qui nous avons entièrement confiance, à ceux qui se plaisent en notre compagnie, qui aiment rire, plaisanter ou pleurer avec vous ; à ceux qui sauront aussi nous dire ce que personne n'osera nous dire.

Sans l'amour philéo, l'amour éros perdra vite de sa force, de sa vigueur et de son enchantement. Celui qui désire seulement avoir des relations sexuelles ne sera jamais rassasié s'il ne partage pas des moments privilégiés avec l'amie de sa jeunesse.

Donna, mon épouse, a toujours été ma meilleure amie. Après plus de 43 ans de mariage, cinq enfants et une armée de petits-enfants, elle reste toujours ma meilleure amie. Combien de fois m'a-t-elle dit : « J'aime être avec toi ! » Et c'est bien réciproque !

Cependant, cet amour éros, qui va de pair avec l'amour philéo, a besoin d'un quatrième ingrédient essentiel pour la construction d'un mariage solide et durable.

Chapitre 5

L'amour agapé

L'amour agapé est la quatrième roue de notre 4x4. L'amour agapé, c'est l'amour sacrificiel, le don de soi, l'amour inconditionnel. L'amour agapé, c'est l'ingrédient le plus rare du mariage. L'amour éros peut fluctuer en fonction de plusieurs facteurs. L'amour philéo, la profonde amitié entre deux personnes, peut aussi connaître des hauts et des bas. L'amour agapé est quant à lui 100% tourné vers l'autre ! C'est l'amour qui se sacrifice et qui donne sans rien attendre en retour. La différence entre l'amour philéo et l'amour agapé est illustrée dans une conversation bien connue entre Jésus et Pierre juste après la résurrection du Christ.

Quelques jours plus tôt, Pierre suivait de loin Jésus alors qu'il venait d'être arrêté et conduit devant le Sanhédrin pour y être jugé. Mais quelqu'un reconnaît Pierre et, à trois reprises, ce dernier renie Jésus, comme Jésus l'avait d'ailleurs prédit. Ensuite, Pierre s'enfuit et pleure amèrement (Marc 14.66-72). Un peu plus tard, le Christ ressuscité apparaît à ses disciples à plusieurs occasions et s'adresse à Pierre, qui n'est pas dans un état brillant pour le coup. Lors de cette rencontre, Jésus lui pose une question très étrange qui nous est rapportée dans l'évangile de Jean : « Simon, fils de Jonas, m'aimes-tu plus que ne le font ceux-ci ? » (Jean 21.14, Nouvelle version Segond révisée)

En grec, l'amour dont il est question dans ce verset est l'amour agapé. Et dans le verset suivant, la réponse de Pierre est très révélatrice. Sachant qu'il a renié son Seigneur et qu'il ne l'a pas aimé d'un amour sacrificiel, il répond : « Oui Seigneur, tu sais que je t'aime » mais en utilisant le verbe *phileo*. C'est un peu comme si Pierre disait : « Oui, je suis ton ami, un bon ami, et je t'aime bien. Mais je ne suis pas prêt à donner ma vie pour toi. » Jésus lui répond alors : « Prends soin de mes brebis ». Mais il ne s'arrête pas là et pose exactement la même question une deuxième fois : « Simon, fils de Jonas, m'aimes-tu ? » en utilisant à nouveau le verbe *agapao*. On imagine la stupeur de Pierre qui répond de la même manière : « Oui Seigneur, tu sais que je t'aime. » Là encore, c'est un peu comme si Pierre disait : « Bien sûr que je t'aime. Je t'aime affectueusement. » Ce à quoi Jésus répond : « Sois le berger de mes brebis. » Jésus pose ensuite la même question une troisième fois en utilisant cette fois le verbe *phileo* : « Simon, fils de Jonas, m'aimes-tu ? » Réponse de Pierre, qui utilise aussi le verbe *phileo* : « Seigneur tu sais toute chose, tu sais que je t'aime. »

Dans ce dernier verset, Pierre ne reprend donc pas le verbe *agapao* que Jésus choisit d'utiliser dans sa première question, ce qui révèle qu'il ne peut confesser qu'il aime Jésus au point de donner sa vie pour lui. Mais cette confrontation avec Jésus constitue, semble-t-il, un tournant dans la vie de Pierre car, quelques minutes plus tard, Jésus lui annonce qu'il va lui aussi mourir en tant que martyre pour son Seigneur (Jean 21.18). Dans un premier temps, Pierre n'est pas prêt à dire qu'il aime son Sauveur au point de donner sa vie pour lui. Mais l'amour sacrificiel de Jésus est contagieux et Pierre va comprendre de plus en plus à quel point le Seigneur l'aime ! Puis il va lui aussi aimer Jésus et son Épouse, l'Église, d'un amour sacrificiel.

Cet amour sacrificiel, c'est l'amour dont Jésus nous a aimés. Alors que nous étions ses ennemis, Jésus nous a aimés et s'est sacrifié pour nous sauver de la mort éternelle. C'est ce qu'écrit Jean dans son Évangile : « Car Dieu a tant aimé le monde, qu'il a donné son Fils unique, afin que quiconque croit en lui, ne périsse pas, mais qu'il ait la vie éternelle. » (Jean 3.16, Nouvelle version Segond révisée)

L'amour du Christ est un amour sacrificiel, un amour désintéressé, un amour inconditionnel.

C'est cet amour-là qui scelle un couple dans les moments les plus difficiles de la vie conjugale. C'est l'amour agapé qui pousse un homme et une femme à s'engager à être fidèles le jour de leur mariage : ils promettent de s'aimer mutuellement comme leur propre corps et de rester attachés l'un à l'autre pour le meilleur et pour le pire, dans la richesse comme dans la pauvreté, dans la santé comme dans la maladie, et ce jusqu'à ce que la mort les sépare.

Mais il y a aussi une roue de secours !

Si les quatre roues du 4x4 de l'amour sont essentielles pour nous permettre de traverser toutes sortes de terrains et gravir toutes sortes d'obstacles tout en maintenant un mariage en équilibre sans que celui-ci se renverse, tout en éprouvant du plaisir et toutes sortes de sensations fortes, il peut arriver que l'une des roues de l'amour cesse de fonctionner. De nombreux couples sont concernés et, pour tous ces couples, ce n'est pas la fin de l'étape. Il faudra prendre le temps de réparer la roue en question et de la remplacer par la roue de secours de la ***grâce***, un don gratuit de Dieu qui est toujours disponible. La grâce de Dieu vous permettra d'atteindre sain et sauf votre destination finale (Éphésiens 2.8-10).

En fait, cette roue de la grâce, tout le monde en a besoin, même les couples en bonne santé. Cette roue de la grâce sera essentielle dans toutes nos interactions, que ce soit entre époux et épouses ou entre parents et enfants, car nous sommes tous pécheurs et nous avons tous besoin de nous pardonner réciproquement comme le Christ nous a pardonnés.

CHAPITRE 6

Le rôle de l'homme dans le couple

Le court-circuit existentiel du Laïcusvirus

Ne me demandez jamais de vous aider à résoudre un problème électrique ! Chaque fois que je touche à l'électricité, je provoque presque toujours des court-circuits. Dans les années 1980, alors que nous vivions dans une banlieue de Montréal, j'ai décidé de changer deux lustres, l'un dans la cuisine et l'autre dans la salle à manger. Après avoir vérifié que l'interrupteur était bien sur la position *off*, j'ai démonté le premier lustre mais je n'ai pas vu qu'il y avait deux fils conducteurs d'électricité. J'ai eu le malheur de manipuler les deux fils qui se sont touchés et qui ont fait boum ! J'ai fait sauter les plombs et j'ai bien été secoué. Une fois remis de mes émotions, j'ai décidé de changer le deuxième lustre mais cette fois en coupant tout le courant de la maison, ce qui me semblait plus prudent. Mais sans courant et donc sans lumière, quand j'ai remonté mon deuxième lustre, j'ai confondu les couleurs des fils et devinez ce qui s'est passé quand j'ai rallumé le compteur : un autre boom ! Après cette expérience, j'ai décidé de ne plus toucher à l'électricité sans les directives bien précises d'un électricien ou d'un bon mode d'emploi...

De la même manière, le Créateur nous a donné des directives bien précises quant au rôle des hommes dans le cadre du mariage et son mode d'emploi n'est autre que la Bible.

Le Laïcusvirus court-circuite la Parole de Dieu

Suite au rejet systématique de la lumière de la Parole de Dieu, l'idéologie du Laïcusvirus est bien représentée par les Nations Unies qui remettent en question la conception traditionnelle du couple : plus de mari et plus de femme selon eux ![1]

Dans son livre *The Household and The War for The Cosmos*, le pasteur C. R. Wiley montre que cette nouvelle norme et cette nouvelle façon de parler (« politiquement correcte ») a commencé aux États-Unis dès les années 1990 dans des universités comme celle de Cambridge, où il était déjà politiquement correct de parler de « partenaires » pour décrire le mari et la femme.[2]

Le rôle des hommes selon Dieu

Voici ce que l'apôtre Paul écrit aux chrétiens de la ville de Corinthe : « Je veux cependant que vous sachiez que Christ est le chef de tout homme, que l'homme est le chef de la

---

1 https://ifamnews.com/fr/plus-de-mari-et-femme-selon-lonu-un-nouveau-front-dans-la-revolution-sexuelle-globale

2 C. R. Wiley, *The Household and The War for The Cosmos: Recovering a Christian Vision for the Family* (Moscow: Canonpress, 2019), p. 18.

femme, que Dieu est le chef de Christ. » (1 Corinthiens 11.3, Nouvelle version Segond Révisée)

Il écrit aussi ceci aux chrétiens de la ville d'Éphèse : « Car le mari est le chef de la femme comme Christ est le chef de l'Église, qui est son corps et dont il est le sauveur. » (Éphésiens 5.23, Nouvelle version Segond révisée)

Autrement dit, l'homme est le chef de sa famille. En grec, on peut également traduire le mot *kephalé* par « source, présidence ou autorité. » Notre société postmoderne a beaucoup de mal à accepter cette définition car tout ce qui est lié à une forme d'autorité ou à une autre est quasiment devenu synonyme d'abus de pouvoir. Quand on parle de chef, de dirigeant ou d'autorité, on pense immédiatement aux abus qui sont souvent associés à ce rôle ou à cette fonction (on pense par exemple à une dictature qui gouverne en imposant sa loi).

Égalité et rôles : deux choses différentes

Dans la perspective divine, il ne faut pas confondre égalité et rôles distincts que le Créateur a assignés à chacun. Nous pouvons d'ailleurs comprendre cette égalité et cette différence de rôles à la lumière de la Trinité, doctrine selon laquelle Dieu est le chef par excellence, le Père qui dirige toute chose, le premier en origine.

Théologiquement parlant, le Fils et le Saint-Esprit procèdent éternellement du Père. La théologie de la Trinité a fait couler beaucoup d'encre dans l'histoire de l'Église car, pour pouvoir accepter et saisir ce mystère, il faut considérer dans leur contexte toutes les références bibliques qui révèlent les attributs du Père, de son Fils Jésus-Christ et du Saint-Esprit (trois personnes distinctes et égales qui partagent toutes la même essence divine et qui forment en même temps un seul Dieu).[3]

Dans ce mystère incompréhensible pour nous, Dieu le Père est celui qui vient en premier et le rôle du Fils consiste à nous réconcilier avec lui par la puissance et l'œuvre du Saint-Esprit. Nous ne sommes pas séparés et réconciliés *avec* le Fils mais nous sommes séparés et réconciliés avec le Père *par* le Fils. Jésus est en effet le médiateur qui nous permet d'accéder à Dieu tout en étant parfaitement égal à Dieu. Comme Dieu le Père, le Fils est digne d'être adoré. Durant son pèlerinage terrestre, Jésus affirmera que celui qui l'a vu a vu le Père (Jean 14.9), une façon de dire qu'il partage la même essence que Dieu. Et en même temps, Jésus indique qu'il ne peut rien faire de lui-même (Jean 5.19), une façon de dire qu'il est également soumis au Père.

Dans les relations entre les personnes de la Trinité, la différence de rôles n'implique pas une notion de supériorité entre Dieu le Père, Dieu le Fils et Dieu le Saint-Esprit (il est question de rôles, de fonctions et de distinctions). L'analogie entre la Trinité et le couple est très profonde.

Bien qu'étant égal au Père, le Fils est soumis à lui. Bien qu'étant son corps, l'Église est soumise au Christ (les deux ne font qu'un). Bien qu'étant égale à son mari et bien que formant un seul corps avec lui, la femme est soumise à son mari. Là encore, à la lumière de cette analogie, nous voyons qu'un couple homosexuel n'a pas du tout sa place dans les plans du Dieu trinitaire. Une telle union produirait un monstre a deux têtes ou deux corps sans tête !

L'homme est donc appelé à être le chef de la femme, le leader de la famille, car c'est Dieu qui en a décidé ainsi. Et en confiant à l'homme ce titre ou cette fonction, il lui confie

---

[3] Voir Matthieu 28.19, Jean 1.1, Actes 5.3-4, 1 Corinthiens 8.5-6, Colossiens 2.9, 1 Timothée 2.5 et Apocalypse 1.4-5.

aussi de grandes responsabilités. Comme pour tout leader, ce qui est important, ce n'est pas le titre mais la fonction qui est associée au titre.

L'importance de la fonction

En tant que chef, la responsabilité principale de l'homme consiste à aimer sa femme comme le Christ a aimé l'Église : en donnant sa vie pour elle (Éphésiens 5.25). Qu'est-ce que cela veut dire concrètement ? Cela veut dire que, tout comme le Christ a aimé l'Épouse qu'est l'Église, l'homme doit prendre l'initiative d'aimer son épouse d'un amour sacrificiel (agapé). Cela ne signifie pas que, de son côté, la femme ne doit pas également aimer son mari (Tite 2.4). En fait, Dieu demande aux hommes de faire beaucoup de choses dans leur rôle de leader. Mais dans le contexte de leur rôle principal, les hommes doivent avant tout aimer leur femme d'un amour sacrificiel. C'est cette responsabilité qui va influencer et imprégner toutes les autres choses qu'ils doivent faire pour leur femme. Dans l'épître aux Galates, l'apôtre Paul écrit qu'il n'y a plus de différences entre les hommes et les femmes : unis à Jésus-Christ, ils sont tous un (Galates 3.28) dans le sens où, devant Dieu et dans un cadre sotériologique, ils sont parfaitement égaux. Dans le cadre de cette égalité, chacun est appelé à jouer un rôle particulier et le rôle principal de l'homme, c'est de montrer l'exemple et d'aimer sa femme d'un amour sacrificiel.

Une génération de Peter Pan

Le problème de beaucoup de femmes qui réagissent à ces textes vient en fait des hommes qui utilisent l'excuse du Laïcusvirus (pas de distinction entre les sexes) pour démissionner de leur vocation divine. Ce sont des Peter Pan qui se disent : « Personne ne va m'attraper pour faire de moi un homme. Je veux rester un petit garçon et m'amuser ! »

Ces « petits garçons » qui ne veulent pas prendre leur responsabilité et qui veulent juste s'amuser sont généralement des jeunes âgés de 15 à 24 ans qui, selon un sondage relativement récent, consacrent deux fois plus de temps à leurs relations sociales et à leurs loisirs que les 30-54 ans. En 2010, ces jeunes consacraient plus de cinq heures par jour à leurs loisirs et à leurs relations sociales contre un peu plus de quatre heures à leur travail ou à leurs études et un peu plus d'une heure aux tâches ménagères.[4]

Comment ces jeunes, qui passent plus de cinq heures par jour à s'amuser, vont-ils devenir des hommes qui sauront diriger leur famille et prendre des responsabilités en tant que chefs de leur futur foyer ?

Les quatre S de l'amour agapé

L'amour agapé est sacrificiel : « Maris, aimez chacun votre femme, comme Christ a aimé l'Église et s'est livré lui-même pour elle. » (Éphésiens 5.25, Nouvelle version Segond révisée)

L'amour agapé est sanctifiant : « Afin de la sanctifier

---

[4] Direction de la Recherche, des Études, de l'Evaluation et des Statistiques (avril 2015, numéro 0911).

après l'avoir purifiée par l'eau et la parole pour faire paraître devant lui cette Église glorieuse, sans tache, ni ride, ni rien de semblable, mais sainte et sans défaut. » (Éphésiens 5.26-27, Nouvelle version Segond révisée)

L'amour agapé est satisfaisant : « De même, les maris doivent aimer leur femme comme leur propre corps. Celui qui aime sa femme s'aime lui-même. Jamais personne, en effet, n'a haï sa propre chair ; mais il la nourrit et en prend soin, comme le Christ le fait pour l'Église. » (Ephésiens 5.28-30)

L'amour agapé est sécurisant : « C'est pourquoi l'homme quittera son père et sa mère pour s'attacher à sa femme, et les deux deviendront une seule chair. » (Éphésiens 5.31)

L'amour sacrificiel

Littéralement, on pourrait traduire le verset 25 : « Maris, sacrifiez-vous pour votre femme. » Autrement dit, c'est un amour « plein tarif » : pas de réduction possible et pas de demi-tarif ! L'amour sacrificiel coûte cher. Dans son amour pour nous, le Christ a en effet tout donné et tout quitté : le confort et l'harmonie du ciel, des milliers d'anges à son service, un Père avec lequel il avait créé l'univers dans ses moindres détails, un Père avec lequel il était en parfaite communion depuis toujours, un Père qui l'aimait et en qui il avait mis toute son affection. Le Christ a tout laissé derrière lui pour s'incarner, s'abaisser, s'humilier et devenir un homme, comme vous et moi (la seule différence, c'est que, dans sa divinité, Jésus était parfait et donc sans péché). Il est venu pour souffrir et s'humilier en nous donnant tout son temps, tout son corps et toute sa vie afin de nous racheter. C'est avec cette notion de sacrifice en tête que les hommes doivent aimer leur femme.

L'amour sanctifiant

Dans les versets 26 et 27, l'apôtre Paul parle de sanctification par l'eau et la parole. À quoi pensez-vous quand vous entendez parler d'eau et de parole ? Au baptême chrétien bien entendu ! Pour Dieu, l'eau du baptême et la parole vont de pair. Le baptême représente la purification de nos péchés. C'est un sceau, un signe visible qui, comme le disait Saint-Augustin, représente une grâce invisible (la grâce du salut en Jésus-Christ reçu par la foi seule). La parole qui accompagne l'eau, c'est la promesse que Dieu fait lors du baptême. Le baptême n'est pas seulement un symbole mais c'est aussi un sceau, un tampon, la marque de Dieu qui certifie que ses promesses vont s'accomplir dans la vie de la personne qui a placé toute sa confiance en Jésus-Christ. Et la promesse de Dieu dans notre texte, c'est que, par l'œuvre du Christ, cette épouse qu'est l'Église sera présentée devant Dieu sans tache, sans ride et sans défaut (elle sera glorieuse et sainte). Voilà donc la réalité spirituelle de l'œuvre du Christ pour l'Église !

Mais que signifie cette analogie pour les maris ? Jean Calvin commente ce passage en disant que « le vrai but du sacrement du baptême est de nous diriger directement à Christ et d'apprendre à dépendre totalement de lui. »[5]

À l'exemple du Christ et de l'Église, l'homme donne sa vie pour sa femme dans l'amour sacrificiel qu'il a pour elle. Et à l'exemple du Christ et de l'Église, il la sanctifie en utilisant des moyens spirituels pour que cette nouvelle vie se développe, grandisse et parvienne à pleine maturité. Ces moyens sont les suivants :

---

5 John Calvin, *The Epistles of Paul to the Galatians, Ephesians, Philippians and Colossians*, Calvin's New Testament commentaries (Eerdmans Publishing Company: Grand Rapids, MI, 1996), p. 319.

La Parole de Dieu : Dieu nous parle par sa Parole. Le mari va lire cette Parole, la méditer, la mettre en pratique et encourager son épouse à faire de même.

La prière : Nous parlons et nous communiquons avec Dieu en priant. Le mari va donc être un homme de prière et prier avec sa femme pour adorer Dieu, confesser ses péchés et intercéder.

L'Église locale : Dieu a institué l'Église, corps du Christ dont nous sommes les membres, pour faire des progrès en matière de sanctification. Avec sa femme et sa famille, le mari va donc s'impliquer dans une église locale qui enseigne fidèlement les Écritures.

Si l'homme est à l'initiative et responsable de la sanctification de son épouse, cela implique qu'il fasse des choix stratégiques dans sa vie. Il ne doit pas seulement être le « pasteur » de sa famille mais il doit aussi mettre en place des « garde-fous » pour protéger sa femme et ses enfants. Pour faire simple, disons simplement que, parmi la multitude de bonnes choses qui s'offrent à lui du matin au soir, le mari devra faire le tri, diriger et faire les meilleurs choix pour sa famille en concertation avec sa femme.

L'amour satisfaisant

Le troisième S de l'amour agapé est l'amour satisfaisant et consiste à aimer sa femme comme son propre corps : « Celui qui aime sa femme s'aime lui-même. » (Éphésiens 5.28)

De prime abord, on pourrait penser que l'apôtre Paul

écrit son épitre en 2021. Le fait de s'aimer soi-même est en effet l'une des préoccupations majeures de notre génération. Aujourd'hui, on entend souvent dire : « Il est temps que tu te fasses plaisir ! » On s'occupe beaucoup de son corps, de sa santé et de son bien-être. On gère sa sexualité quand on veut et comme on veut. On ne veut pas se marier parce que c'est trop contraignant. On ne veut pas d'enfants mais plutôt la compagnie d'un chien. On se laisse guider par ses sentiments et ses émotions. On est obnubilé par l'estime de soi car tout tourne autour de nous.

Isabelle d'Aspremont Lynden, qui tente de faire la distinction entre narcissisme traditionnel et amour de soi, écrit ceci :

> L'amour de soi commence par une authentique compassion pour soi. La personne qui s'aime, s'écoute, se console, s'encourage et se fait confiance [...] C'est l'amour du Soi qui donne la certitude que l'on est aimable et aimé. Le Soi est le lieu intime et profond en nous d'où émane l'Amour Inconditionnel, un Amour gratuit ou toute personne reçoit la certitude d'être aimé quoiqu'elle ait fait dans sa vie tout simplement parce que c'est une personne.[6]

Mais Isabelle D'Aspremont Lynden semble oublier une réalité fondamentale dans sa « thérapie » de l'amour de soi : c'est que la nature humaine est imprégnée de péché (Romains 5.12). Jésus nous rappelle en effet que c'est de l'intérieur, du cœur de l'homme, que proviennent les mauvaises pensées et tout ce qui nous souille (Matthieu 15.19).

---

6 Isabelle d'Aspremont Lynden vous répond, « Comment s'aimer soi-même et ne pas trop le montrer, » Cmavie.tv2001 : https://www.cmavie.tv/Pdf/3183.pdf

Chapitre 6

Amour de soi et fusion du couple

L'homme qui aime sa femme comme son propre corps et qui, par conséquent s'aime lui-même (v. 28), ne hait pas sa propre chair mais la nourrit et en prend soin, comme le fait Jésus pour l'Église, parce que nous sommes membres de son corps (v. 29-30).

Ici, l'idée-clé, ce n'est pas tant l'amour de soi en tant qu'individu mais l'amour de soi dans le cadre d'une seule chair (la fusion de deux en un). Si, dans le cadre de cette fusion, le mari aime sa femme comme il s'aime lui-même, on pourrait paraphraser en disant : « Quand tu aimes et satisfais ta femme, tu t'aimes et tu te satisfais toi-même. » C'est un peu comme un boomerang : donnez et vous recevrez !

Aimer ou satisfaire sa femme en lui consacrant du temps, en lui accordant de l'attention et en la protégeant aura inévitablement des répercussions sur notre mariage. En général, la femme répond à l'amour par l'amour pourvu que cet amour soit sincère et désintéressé. Pour le dire autrement, la contrepartie de notre amour sera un bonus et non pas une manipulation en vue d'obtenir une faveur à des fins égoïstes. Le Christ a aimé l'Église sans attendre d'être aimé en retour. Cependant, son amour nous presse (2 Corinthiens 5.14) et si nous l'aimons, c'est parce qu'il nous a aimés le premier (1 Jean 4.19).

Dans Éphésiens 5.29, Paul indique que celui qui aime sa femme la nourrit et en prend soin. Là encore, comment le Christ aime-t-il l'Église ? Comment la nourrit-il et prend-il soin d'elle ?

> Il fait preuve de tendresse : « Je vous donne ma paix. » (Jean 14.27)

Il la protège : « Nul ne vous ravira de ma main. » (Jean 10.28)

Il est un refuge : « Je suis le roc. » (Matthieu 7.24)

Il donne du repos : « Venez à-moi vous tous qui êtes fatigués et chargés, et je vous donnerai du repos. » (Matthieu 11.28)

Il est plein de bonté : « Je ne vous donne pas comme le monde donne. » (Jean 14.1 et 27)

Il est fidèle : « Je suis avec vous tous les jours jusqu'à la fin des temps. » (Matthieu 28.20)

Voici quelques questions pratiques pour vous, messieurs :

Quand vous êtes pressé, votre épouse ressent-elle votre tendresse ?

Sait-elle qu'elle est protégée ? Protéger son épouse peut consister à préserver son temps et à la protéger de la tyrannie de l'urgent en s'assurant qu'elle ait du temps pour elle et pour son bien-être. Protéger son épouse revient à la préserver des attaques du diable en priant pour elle, à prendre sa défense contre les enfants qui pourraient lui manquer de respect ou la tyranniser, et à la soulager dans son rôle d'épouse et de maman.

Sait-elle qu'elle peut toujours compter sur vous en tant que roc et refuge ?

Voit-elle que vous êtes en paix dans la tempête ? Voit-elle que vous faites confiance à Dieu ? Sait-elle qu'elle peut se réfugier en vous pour que vous puissiez l'aider à se réfugier en Christ ?

Sait-elle que votre foi est enracinée dans la Parole de Dieu ? Voit-elle que vous priez et que vous cherchez la face de Dieu pour trouver des solutions à vos problèmes et pour faire face à la complexité de la vie ?

L'amour sécurisant

Dans l'expression « une seule chair » (v. 31), il y a une notion de permanence. Quand on se sait aimé comme le Christ aime l'Église, c'est extraordinairement puissant car c'est un amour qui ne vacille et qui ne change pas. Si l'histoire de l'Église nous montre notamment la faiblesse des croyants, elle nous montre aussi la force et la fidélité du Christ qui a toujours préservé son peuple. Non, les portes de l'enfer ne pourront rien contre l'Église du Dieu vivant! (Matthieu 16.18)

Dans sa première épître, l'apôtre Pierre parle de la fragilité des femmes en ces termes : « Vous de mêmes maris, vivez avec vos femmes en faisant preuve de discernement : elles ont une nature plus délicate. » (1 Pierre 3.7)

La délicatesse dont Paul parle dans ce verset est principalement liée aux capacités physiques des femmes, mais pas seulement. Là encore, le Laïcusvirus va à l'encontre de la création de Dieu en cherchant à supprimer toute distinction et toute différence entre les hommes et les femmes. Prétendre au nom de l'égalité des sexes qu'il n'y a pas de différence entre les homme et les femme ne tient pas compte de ce que la science affirme depuis 1959, année où des chercheurs ont découvert que, sur les 46 chromosomes que contiennent chaque cellule, deux d'entre eux sont spécifiquement liés au sexe de l'individu. Ce sont les fameux chromosomes X et Y. Philippe Brenot, psychiatre et anthropologue, écrit ceci :

> Les différences entre hommes et femmes existent, c'est une évidence. De nombreuses recherches au monde entier tentent de les comprendre. En France, elles sont tues, voire niées, sous couvert d'idéologie « égalitaire » ... nier toute différence entre hommes et femmes relève d'une pure idéologie.[7]

La « nouvelle norme » est non seulement la négation d'une réalité biologique et physiologique mais c'est aussi une idéologie injuste pour les femmes et les hommes qui combattent côte à côte dans les forces armées ou qui s'affrontent dans le cadre de certains sports. Cette injustice est particulièrement flagrante quand un homme transgenre (devenu femme) entre en compétition avec des femmes et remporte toutes les compétitions sur son passage parce que son corps, même mutilé pour devenir femme, est toujours génétiquement programmé par les chromosomes X et Y.

Les études scientifiques et le bon sens démontrent qu'en règle générale, l'homme est en mesure de fournir des efforts plus intenses sur une période relativement courte (comme couper du bois par exemple). Quant à la femme, elle est généralement capable de fournir des efforts moins intenses sur une période beaucoup plus longue.

L'amour sécurisant, c'est tenir compte de cette différence

---

7 Philippe Brenot, « Différences Hommes/Femmes : politiquement incorrect, » 31 mai 2019, LeMonde.fr : https://www.lemonde.fr/blog/sexologie/2019/05/31/differences-hommes-femmes-politiquement-incorrect/

physiologique entre les hommes et les femmes et faire en sorte que les femmes ne s'épuisent pas en accomplissant des tâches destinées aux hommes. Autrefois, on appelait cela de la galanterie.

Mais ce qui va permettre à une épouse chrétienne de se sentir en sécurité, c'est savoir que son mari trouve lui-même sa propre identité et sécurité en Christ en recevant son amour inconditionnel, un amour qu'il va pouvoir à son tour transmettre à son épouse.

CHAPITRE 7

Le rôle de la femme

La vraie liberté

De nos jours, on parle beaucoup de la libération de la femme et de ses droits fondamentaux et, à la lumière des abus du passé, la plupart de ces revendications sont justifiées. Cependant, comme je l'ai déjà précisé, on confond trop souvent l'égalité et les rôles différents que Dieu a assignés à chacun.

La femme libre, c'est la femme qui a compris que la vraie liberté consiste à accomplir la volonté du Créateur qui, en Christ, libère parfaitement les hommes et attribue à chacun une fonction et un rôle bien précis dans le cadre du mariage. Dans son évangile, l'apôtre Jean écrit : « Si donc le Fils vous rend libres, vous serez réellement libres. » (Jean 8.36, Nouvelle version Segond révisée)

Et la volonté du Créateur, son programme de libération pour la femme dans le contexte du mariage, sa vocation, son rôle, c'est qu'elle aide son mari et le suive en se soumettant à lui volontairement et dans la joie (Genèse 2.20).

Jésus et les femmes

Voyons d'abord comment Jésus, le Sauveur du monde qui a participé à la création, s'est comporté avec les femmes durant son ministère terrestre.

À première vue, on pourrait penser que Jésus ne s'intéressait qu'aux hommes puisqu'il a choisi 12 apôtres qui étaient tous des hommes. Mais en fait, Jésus a beaucoup apprécié la présence et le ministère des femmes. Dans Luc 23.27, on apprend que « Jésus était suivi d'une multitude de femmes. » Il semble même qu'il ait développé une amitié particulière avec certaines d'entre elles !

À propos de Jésus et des femmes, Marie-Claude Saoût écrit ceci:

> Jésus lui-même manifeste, contrairement aux rabbins et à la tradition juive, une sollicitude particulière envers les femmes (plusieurs miracles ou exemples de foi concernent les femmes). Il s'adresse à elles sans préjugés (Jean 4, La Samaritaine), les accepte dans son entourage, les enseigne sans faire de différence avec les hommes et nombreuses sont celles qui n'hésitent pas à bousculer les conventions sociales de l'époque pour suivre Jésus et participer activement à son ministère. Si nous définissons le disciple comme celui qui apprend et sert le Seigneur, alors nombreuses sont les femmes de l'entourage de Jésus qui méritent ce titre.[1]

Les apôtres avaient certes une très grande responsabilité

---

1 Marie-Claude Saoût, « Rôles et responsabilités des femmes dans le Nouveau Testament, » Fac Réflexion, numéro 49, 1994/4, p. 16-23.

dans le cadre de l'église naissante : c'est à eux que Dieu a confié l'autorité de mettre par écrit les textes du Nouveau Testament, de créer la première église et de consacrer des pasteurs et des anciens pour diriger les églises. Le fait que la femme ne puisse pas prendre autorité sur l'homme et n'ait pas accès au rôle d'ancien est lié à une décision de Dieu et non des hommes (1 Timothée 2.12 ; 3.1-7).

Soumission n'est pas synonyme de « sous-mission »

La mission que Dieu a confiée à nos premiers parents était une mission à deux. Sans Ève, Adam était incomplet et incapable de remplir ses fonctions de chef pour gouverner la planète. Dans son commentaire sur le livre de la Genèse, le théologien Matthew Henry écrit ceci :

> Dieu n'a pas créé la femme à partir de la tête de l'homme afin qu'elle ne domine pas sur lui, ni à partir de ses pieds pour qu'il ne la piétine pas, mais de son côté pour qu'elle soit son égale, sous son bras pour qu'il la protège, et près de son cœur pour qu'il la chérisse.[2]

Dès la création, l'homme a besoin d'une aide, d'une assistante qui sera son vis-à-vis (Genèse 2.19-25). L'homme ne peut faire seul ce à quoi Dieu le destine : être fécond, se multiplier, remplir la terre, s'en rendre maître et dominer « sur les poissons de la mer, sur les oiseaux du ciel, sur les bes-

---

[2] *Matthew Henry's Commentary, Genesis to Deuteronomy*, vol. I (MacLean: Donald Publishing Company, 1985), p. 20.

tiaux sue toute la terre et sur tous les reptiles et les insectes. » (Genèse 1.28) De même, l'œuvre du royaume de Dieu ne peut s'accomplir sans les femmes. Dans le livre des Actes et dans les épîtres pastorales, les femmes sont omniprésentes ! Elles prient, servent et enseignent d'autres femmes. Bref, elles sont libres d'être femmes, libres de servir là où Dieu les appelle, libres d'être des épouses et des mères, libres de respecter leur mari et de se soumettre à leur autorité.

Lisons ce que l'apôtre Paul écrit à l'église d'Éphèse :

> Femmes, soyez soumises chacune à votre mari, comme au Seigneur ; car le mari est le chef de la femme comme Christ est le chef de l'Église, qui est son corps et dont il est le Sauveur. Comme l'Église se soumet au Christ, que les femmes se soumettent en tout chacune a son mari. (Éphésiens 5.22-24, Nouvelle version Segond révisée)

Le mot qui fâche !

Le verbe grec utilisé pour « se soumettre » est *hupotasso* (*hupo* signifiant « sous » et *tasso* signifiant « placer »).

Comme nous l'avons déjà précisé, cette soumission ou subordination n'a strictement rien à voir avec l'intelligence, les capacités ou les dons de la femme. L'analogie selon laquelle l'Église est comparée au Christ est très profonde : ils forment tous les deux un seul corps mais c'est Christ qui est la tête et il n'exigera jamais de son Épouse qu'elle fasse des choses contraires à la volonté ou au caractère de Dieu. Cela signifie que, même quand l'apôtre Paul précise que la femme doit se soumettre en tout à son mari, le mot « tout » présuppose que cette soumission se fasse dans les limites de la Parole de Dieu. Pour le dire autrement, la femme doit se soumettre dans tous les aspects de la vie mais, dans tous ces aspects, cette soumission est limitée par l'autorité de l'Écriture.

Tout comme la notion de « chef » ou d' « autorité » a du mal à passer dans notre société moderne postchrétienne, le concept de « soumission » est également mal accepté. On a du mal à se soumettre et à obéir à la Parole de Dieu (Jacques 1.21), on a du mal à se soumettre aux autres (Éphésiens 5.21), l'homme a du mal à se soumettre au Christ et la femme a du mal à se soumettre à son mari (1 Corinthiens 11.2-3). On a du mal avec tout ça à cause du péché mais celles et ceux qui trouvent leur identité en Christ et découvrent la plénitude de leur vocation en lui peuvent être libérés.

Soumission dans le mariage : oui, mais ?

Tout au long de mon ministère pastoral, j'ai entendu de nombreux arguments qui reviennent constamment et qui vont à l'encontre de ces textes parlant du rôle des femmes. Je vais donc reprendre cinq de ces arguments en essayant de répondre de manière appropriée à chacun.

1. **Le rôle de la femme tel qu'il est prescrit par l'apôtre Paul est culturel et ne ne nous concerne donc plus aujourd'hui.**

    Non car, quand l'apôtre Paul introduit le concept de soumission (concept repris intégralement après la chute dans l'Ancien comme dans le Nouveau Testament), il renvoie à l'origine de la création de l'homme et de la femme dans Genèse 2. De plus, l'argument de Paul n'est pas seulement valable pour une période de l'histoire car l'apôtre utilise l'analogie du Christ et de l'Église. Si l'on rejette l'idée selon laquelle la femme doit se soumettre à son mari, ainsi que la notion de chef désigné par Dieu, on rejette par extension l'autorité et la soumission au Christ, la tête et le chef de l'Église. Pour Paul, le fait de se soumettre au Christ n'a rien d'humiliant (il célèbre l'égalité entre Christ et son Père et, en même temps, les rôles respectifs de chaque personne). La soumission n'entrave en rien la liberté. C'est quand un train est sur les rails, là où il doit être, qu'il est le plus libre. Si nous avons du mal à accepter cette notion de soumission, c'est parce que certains hommes ont abusé de leur autorité et n'ont pas aimé leur femme comme Christ a aimé l'Église. C'est aussi en raison de l'influence des fondamentalistes islamistes et de leur concept de soumission qui est contraire à l'amour. La soumission biblique, au contraire, libère réellement la femme.

2. **L'Apôtre Paul était misogyne.**

Non ! De tous les auteurs du Nouveau Testament, Paul est celui qui écrit les choses les plus gracieuses au sujet des femmes. Il a eu lui-même de nombreuses collaboratrices (Romains 16.2 ; 3-5 ; 7 ; 12 ; Philippiens 4.2-4) ! En fait, il n'y a pas que Paul qui parle de soumission de la femme. Pierre écrit aussi :

> Vous de même, femmes, soyez soumises chacune à votre mari, afin que même si quelques-uns n'obéissent pas à la Parole, ils soient gagnés

sans paroles, par la conduite de leur femme, en voyant votre conduite pure et respectueuse. (1 Pierre 3.1, Nouvelle version Segond Révisée)

Quant à Moïse, il rapporte les paroles que Dieu adresse à Ève juste après la chute : « Tes désirs se porteront vers ton mari, mais il dominera sur toi. » (Genèse 3.16, Nouvelle version Segond révisée)

3. **La Bible ne parle que d'une soumission mutuelle qui aboutit à une réciprocité.**

Non, ce n'est pas ce que disent les différents textes. Paul parle de soumission dans le cadre de la relation entre époux et en reprenant le modèle de la relation entre le Père et le Fils et entre le Christ et l'Église. Au sein de cette relation, il y a communion mutuelle, il y a amour mutuel, il y a collaboration mais il n'y a pas de soumission mutuelle entre le Père et le Fils et entre l'Église et le Christ. Le Fils se soumet au Père et l'Église se soumet au Christ.

4. **Paul s'adapte aux différentes cultures. Il se fait tout à tous. Il adapte donc son enseignement aux personnes auxquelles il écrit, comme il le fait d'ailleurs dans le cas de la circoncision. Pourquoi ne ferait-il pas la même chose dans le cas de la soumission des femmes ?**

Dans le contexte de son adaptation à la cause de l'Évangile, l'apôtre Paul est effectivement prêt à tous les sacrifices : ne pas recevoir un salaire pour son travail d'évangéliste, ne pas se marier, ne pas se faire circoncire (pour les croyants), ne pas manger de viande, etc. Mais toutes ces décisions sont des choix personnels qui ne remettent pas en cause les lois et les directives précises du Créateur.

5. **Dans le Nouveau Testament, il n'y a plus ni homme, ni femme, ni esclaves.**

Dans Galates 3.26-29, il est effectivement question de l'égalité entre tous les hommes (juifs et grecs, esclaves et hommes libres, hommes et femmes). Mais dans le contexte du passage, il s'agit très clairement d'une égalité spirituelle et non naturelle. Une fois sauvés, Juifs et Grecs, esclaves et hommes libres, hommes et femmes conservent leurs statuts sociaux et culturels. Par exemple, lorsqu'ils se convertissent, les Juifs ne deviennent pas païens mais restent juifs. Quant aux esclaves, Éphésiens 6.5-9 parle de certaines régulations au sein de la société, de l'Église et de la famille. Dans ce passage, Paul ne dit pas que l'esclavage est une bonne chose ou que cela fait partie du plan original de Dieu mais il le régule pour mettre de l'ordre et encourage dans la foulée l'esclave à s'émanciper (si possible) et donc à changer de rôle (1 Corinthiens 7.22). Mais il ne propose pas un tel changement quand il parle du rôle des hommes et des femmes dans le cadre du mariage ou des relations entre les parents et les enfants dont il est également question dans ce passage. Les relations et les rôles des parents et des époux sont des ordonnances créationnelles, ce qui n'est pas le cas de l'esclavage.

Chapitre 7

La soumission est une co-mission

Si la mission que le Créateur confie aux hommes est une mission impossible sans sa grâce, la mission et le rôle qu'il confie aux femmes mariées sont également impossibles sans sa grâce. La femme « libérée » est une femme qui a a été sauvée par pure grâce et qui, par conséquent, aime et sert son Seigneur et son Sauveur Jésus-Christ. Sur la base de ce salut, elle est libre de se soumettre à son mari et de remplir la co-mission que Dieu lui confie sous la responsabilité de son mari. Dans le cadre de cette co-mission, elle est appelée à assister son mari :

En le respectant (Éphésiens 5.33 et 1 Pierre 3.2),

En l'aimant et en aimant les enfants issus de leur union (Tite 2.4),

En lui obéissant (1 Pierre 3.6),

En ayant un esprit doux et paisible (1 Pierre 3.4 et 1 Tim.2.12),

En ne se refusant pas à lui (1 Corinthiens 7.4),

En souhaitant avoir des enfants et s'occuper d'eux, en étant la maîtresse de maison et en servant les autres et l'Église (1 Timothée 5.10, 14 ; Tite 2.5).

Bref, cette co-mission, c'est tout un programme ! La femme épanouie de Proverbes 31 est une femme qui s'investit dans sa « tribu. » Cet investissement prend différentes formes en fonction des différentes saisons ou étapes de sa vie. Ceci dit, toutes ces activités tournent principalement autour du foyer, de la maisonnée, de la « tribu » comme l'écrit si bien Rebekah Merkle.[3] Et cette vocation est une véritable entreprise :

> Et si on essayait de définir ce qu'est une maîtresse de maison ? Pourquoi pas utiliser notre imagination et notre créativité ? Trop souvent, on se contente d'accepter comme un fait accompli que le rôle de la maîtresse de maison est d'emmener les enfants à l'école, de cuisiner et de ranger les placards. Une fois que ces corvées sont accomplies, on pense qu'on a côché toutes les cases du devoir, et maintenant, c'est le temps de penser à soi-même. On pense qu'il faut travailler pour ensuite s'offrir des loisirs, plutôt que de travailler parce que nous sommes convaincus que nous sommes en train de construire quelque chose de phénoménal—et cette façon de penser fait toute la différence.[4]

Avec ma femme, nous avons le privilège de connaître personnellement Rebekah Merkle et de l'avoir vue à l'œuvre en co-mission avec son mari, président d'une université chrétienne en pleine croissance. C'est réellement phénoménal et leurs cinq enfants sont tout autant phénoménaux !

Rachel Jankovic, la sœur de Rebekah, a sept enfants et a écrit deux livres très pertinents sur l'importance du rôle de la femme en tant qu'épouse en co-mission avec son mari. Dans son livre *Loving the Little Years: Motherhood in the Trenches*, Rachel, comme sa sœur, est un exemple de femme selon Proverbes 31. Je vous recommande vivement le livre

---

3 Rebekah Merkle, *Eve in Exile and the Restoration of Feminity* (Canon Press, 2016), p. 135.

4 Ibid., p. 141.

de Rachel ainsi que le livre de Rebekah. Paul Tripp, pasteur et auteur bien connu, écrit ceci dans la préface du livre de Rachel :

> *Loving the Little Years* est un livre vraiment agréable à lire [...] C'est un livre rafraîchissant et honnête qui parle de la réalité du péché à la fois dans la vie des enfants et des parents. C'est un livre qui regorge de suggestions profondes quant à l'apprentissage de la vie en tant que parent chrétien [...] L'auteur met l'accent sur *les soins apportés aux enfants* et non pas sur le contrôle en tant que tel.[5]

---

5 Rachel Jankovic, *Loving the Little Years: Motherhood in the Trenches* (Moscow, ID: Canon Press, 2010).

CHAPITRE 8

La résolution des conflits dans le couple

> « C'est pourquoi rejetez le mensonge et que chacun de vous parle avec vérité a son prochain, car nous sommes membres les uns des autres. » (Éphésiens 4.25, Nouvelle version Segond révisée)

Le thème de ce passage est la marche chrétienne dans l'unité. Seule une bonne communication peut conduire à l'unité dans le couple. Pour bien communiquer, il faut de l'honnêteté, de la transparence et de la vulnérabilité.

Lorsqu'un homme et une femme s'unissent pour la vie, c'est une union de deux individus avec des caractères, des habitudes et des points de vue différents qui vont inévitablement entraîner des conflits. Et parce que nous sommes tous pécheurs, la question qui se pose n'est pas tellement *si* nous aurons des conflits mais *quand* nous aurons des conflits. Alors, comment allons-nous régler nos problèmes ?

Les sources de conflit dans le couple peuvent être multiples : finances, éducation des enfants, discipline, attentes plus ou moins exprimées et plein de petites choses agaçantes comme des retards répétés ou des chaussettes qui traînent tout le temps. Alors, comment résoudre ces conflits ?

Les versets suivants nous livrent une grande partie de la réponse : « Si vous vous mettez en colère, ne péchez pas ; que le soleil ne se couche pas sur votre irritation. Ne donnez pas accès au diable. » (Éphésiens 4.26-27)

Quelques suggestions

Pour résoudre un conflit, le couple doit se mettre d'accord pour :

1. Prier avec un désir *sincère* de chercher et de trouver ensemble une solution. Ici, le mot-clé est l'adjectif « sincère. » Je suis bien conscient qu'il n'est pas toujours possible de prier en pleine crise conjugale ou quand les émotions sont exacerbées. Cependant, n'oubliez pas que Dieu est réellement présent à vos côtés : il est le témoin de votre conflit, il connaît toutes les pensées de votre cœur et qui vous invite à vous tourner vers lui.

2. Ne pas revenir sur les problèmes du passé. Les couples ont souvent tendance à revenir sur les problèmes du passé et à s'en servir comme armes pour attaquer les problèmes d'aujourd'hui. Soyons prudents : « Celui qui couvre une faute recherche l'amour et celui qui la rappelle dans ses paroles divise les amis. » (Proverbes 17.9, Nouvelle version Segond révisée)

3. Résoudre un problème à la fois.

4. Éviter d'accuser l'autre (si un problème survient à cause d'une tierce personne comme un enfant par exemple) en disant : « C'est ton fils ! » ou « C'est ta fille ! »

5. Ne pas faire le procès du caractère de l'autre ou, pire encore, le procès des parents de son conjoint en disant : « Tu es bien comme ta mère ! » ou « Tu es bien comme ton père ! »

6. Ne pas essayer de lire dans la pensée de l'autre en jugeant ses motivations ou en finissant ses phrases.

7. Être déterminé à régler le problème rapidement. Reconnaissez vos différences et engagez-vous mutuellement à résoudre le problème même si vous devez remettre cette résolution au lendemain : « Si vous vous mettez en colère, ne péchez pas ; que le soleil ne se couche pas sur votre irritation. Ne donnez pas accès au diable. » (Éphésiens 4.26-27, Nouvelle version Segond révisée)

8. Contrôler ses émotions. Les émotions sont importantes mais elles risquent de court-circuiter la procédure de réconciliation : « La colère de l'homme n'accomplit pas la justice de Dieu. » (Jacques 1.20, Nouvelle version Segond révisée)

9. Ne pas chercher pas à avoir raison à tout prix. Quand on est « une seule chair, » il n'y a pas de vainqueur. Les deux gagnent quand un conflit est résolu dans l'harmonie du couple.

10. Respecter les limites du corps. En boxe, on ne frappe jamais sous la ceinture. De la même manière, dans un conflit, on ne se sert pas de la vulnérabilité de son conjoint.

11. Lire ensemble Éphésiens 4.29-30 sans accuser l'autre : « Qu'il ne sorte de votre bouche aucune parole malsaine, mais s'il y a lieu quelques paroles qui servent à l'édification nécessaire et communique une grâce à ceux qui l'entendent. N'attristez pas le Saint Esprit de Dieu par lequel vous avez été scellés pour le jour de la rédemption. »

    Remarquons que l'impératif négatif « qu'il ne sorte de votre bouche aucune parole malsaine » est suivi d'un impératif positif, « mais s'il y a lieu quelques paroles qui servent à l'édification nécessaire et communique une grâce. »

12. Si vous avez tort, reconnaissez-le, demandez pardon et concluez par une prière de reconnaissance.

CHAPITRE 9

Divorce et remariage dans la Bible

> Vous demandez : Pourquoi en est-il ainsi ? Parce que l'Éternel a été le témoin entre chacun de vous et la femme que vous avez épousée lorsque vous étiez jeunes et que vous avez trahie. Elle était ta compagne, et tu avais conclu une alliance avec elle. Un homme en qui subsiste un reste de bon sens ne ferait pas cela ! ... Restez donc dans votre bon sens, et ne trahissez pas la femme de votre jeunesse. Car renvoyer sa femme par haine, déclare l'Eternel, Dieu d'Israël, c'est comme masculer de sang son propre vêtement en commettant un acte de violence, déclare l'Éternel, le Seigneur des armées célestes. Restez donc dans votre bon sens et n'agissez pas en traîtres. (Malachie 2.14-16)

Le mariage est une alliance, un traité d'alliance, mais ce n'est pas n'importe quelle alliance. La constitution du mariage a été établie par Dieu. En commentant Genèse 2.22-25, Jésus déclare : « Que l'homme ne sépare donc pas ce que Dieu a uni. » (Matthieu 19.6) Celui qui unit, ce n'est ni le pasteur, ni le curé, ni le rabbin mais Dieu lui-même ! Cependant, comme nous l'avons déjà dit au chapitre 2, cette constitution divine du mariage entre un homme et une femme revêt un caractère solennel dans le cadre de structures sociales bien établies (Jean 2.1-11 ; Deutéronome 22).

Avant de parler de divorce et de remariage, il est important de rappeler deux normes bibliques importantes.

1. À l'origine, l'intention de Dieu est la monogamie. Dans l'Ancien Testament, la polygamie était tolérée et règlementée mais pas approuvée par Dieu. De plus, elle était moins répandue qu'on ne le pense. En fait, il fallait être riche pour avoir plusieurs femmes.

2. Dans le dessein originel de Dieu, le mariage est une alliance à vie et c'est seulement dans quelques cas précis qu'un homme ou une femme a la possibilité de se remarier.

C'est le péché qui a entraîné la nécessité de règlementer la rupture de cette alliance par un divorce. Dans l'hébreu comme dans le grec ancien, un divorce implique une rupture formalisée. Les termes d'une telle rupture sont toujours employés dans le cadre d'un acte juridique semblable à la rupture d'une alliance. En hébreu, le mot « divorce » signifie « couper, » « retrancher, » « exclure, » « repousser, » « donner congé » ou « éloigner. » En grec, ce même mot signifie « détacher, » « délier, » « quitter, » « repousser » ou « séparer. »

Comme je l'ai dit précédemment, dans les années 1970, le chanteur Michel Delpech présentait le divorce comme un simple changement de partenaires consistant à se séparer tout en restant amis pour prouver sa maturité. Notre société laïque post-chrétienne facilite de plus en plus la rupture de l'alliance du mariage et les chrétiens évangéliques sont malheureusement de plus en plus touchés par ce fléau. Le pasteur Doug Wilson pose une bonne question quand il écrit :

> Le peu de valeur que les croyants d'aujourd'hui accordent aux vœux d'engagement dans l'église locale correspond au peu de valeur qu'ils donnent à leurs vœux de mariage. De nos jours, quand tant de chrétiens quittent si facilement leurs églises locales, pourquoi sommes-nous tellement surpris quand ils font la même chose avec leur mariage ?[1]

Qu'est-ce qui justifie le divorce dans la Bible ?

Dans Deutéronome 24.1, la cause du divorce est une « infamie. » Le même mot est employé au chapitre 23 (v. 12-14) pour décrire une indécence dans un lieu public qui suscite la répulsion, un peu comme les excréments. Ce texte rapporte un fait qui n'est pas prescriptif mais descriptif. En Israël, on pouvait divorcer pour toutes sortes de raisons mais pas nécessairement pour les bonnes raisons. En reprenant ce texte de Deutéronome 24, Jésus fait référence à cette situation en précisant : « Eh bien moi je vous dis : Celui qui divorce d'avec sa femme—sauf en cas d'infidélité—l'expose à devenir adultère. » (Matthieu 5.32) De quoi s'agit-il ? En fait, Jésus répond à une question des pharisiens qui, comme nous le voyons à plusieurs reprises, interrogent Jésus pour le « coincer » et l'accuser. Les pharisiens posent donc la question suivante : « Un homme a-t-il le droit de divorcer

---

1 Douglas Wilson, *My Life for Yours* (Moscow, ID: Canon Press), 69.

d'avec sa femme pour une raison quelconque ? » (Matthieu 19.3). La réponse de Jésus pourrait bien être liée à un débat de l'époque impliquant la position d'un rabbin nommé Hillel, un contemporain de Jésus qui, à partir de Deutéronome 24, permettait le divorce « pour une raison quelconque » comme, par exemple, un repas brûlé. Ce rabbin fut contredit par autre rabbin, Beith Shammai, pour lequel un divorce ne pouvait être justifié que par une faute très grave. Dans ces débats d'interprétation autour de la loi de Moise, Jésus tranche simplement en revenant à l'ordonnance créationnelle. Dans Matthieu 19.3-9 et Marc 10.2-12, il répond à une question semblable en précisant qu'au commencement, Dieu a créé l'homme et la femme pour qu'ils se marient, deviennent une seule chair et restent unis (l'homme ne doit pas séparer ce que Dieu a uni). Dans ces textes, Jésus précise que, si Moïse a permis le divorce, c'est en raison de la dureté du cœur de l'homme et que la seule raison valable qui justifie un divorce et donc un remariage n'est autre que l'infidélité ou *porneia* en grec.

La *porneia*

Dans l'Ancien comme dans le Nouveau Testament, la raison principale qui justifie un divorce est la *porneia*. Le terme *porneia*, qui a donné le mot pornographie en français, implique une inconduite sexuelle consistant à coucher avec une personne autre que son conjoint. La *porneia* implique également la fornication qui revient à avoir des relations sexuelles en dehors du mariage comme l'inceste (1 Corinthiens 5.1), l'homosexualité (Jude 7) ou la bestialité par exemple.

Chapitre 9

L'abandon du conjoint non-croyant

L'autre raison qui justifie un divorce et un remariage, c'est l'abandon du conjoint non croyant, raison invoquée par l'apôtre Paul dans 1 Corinthiens 7.10-16. Suite à l'évangélisation des païens, il était devenu possible que l'un des conjoints ne soit pas converti. Que fallait-il faire ? Pour répondre à cette question, l'apôtre Paul reprend la loi de Moïse confirmée par Jésus qui rappelle que l'homme ne doit pas séparer ce que Dieu a uni. Mais il ajoute que, si c'est le non-croyant qui veut se séparer, une rupture de l'alliance est possible et, dans ce cas comme dans le cas de la *porneia*, le remariage est possible. En comprenant l'abandon du conjoint non-croyant de cette manière, certains chrétiens pensent que l'abandon d'un mari qui ne pourvoit pas ou plus aux besoins de sa famille peut également légitimer un divorce et un remariage. À partir de textes comme 1 Corinthiens 7.39, d'autres croyants pensent que, même dans le cas d'un divorce légitime, le conjoint innocent doit attendre que son ex-partenaire soit décédé avant de pouvoir se remarier.

Cela étant dit, je suis bien conscient que ce chapitre n'apporte pas toutes les réponses à des situations qui sont souvent extrêmement complexes. Le péché, c'est comme le raisin : il pousse en grappes. De nombreux livres de psychologie chrétienne sont consacrés à ce sujet. Pour ceux qui voudraient approfondir le côté pastoral du sujet, je vous recommande « Divorce et remariage » du pasteur Michel Johner.[2]

Un divorce est toujours une tragédie, que ce soit pour le couple, pour les enfants, pour l'église ou pour la société. Ceci dit, l'Écriture reste notre boussole pour nous permettre

---

2 **Michel Johner**, *Divorce et remariage*, (éditions Kerygma : collection Étincelles, 2006.

de naviguer dans les tempêtes de la vie, le divorce étant l'une de ces terribles tempêtes. J'aimerais également préciser que, même si une situation justifie un divorce, cela ne signifie pas automatiquement que c'est la seule solution. Avec mon épouse, nous avons été témoins de formidables réconciliations suite à des périodes d'échec et à la reconstruction de plusieurs mariages qui ont pu repartir sur des bases encore plus solides. C'est la roue de secours de la grâce dont j'ai parlé à la fin du chapitre 5. Dans beaucoup de cas, 2 Corinthiens 5.17-21 a constitué un nouveau point de départ :

> Ainsi, si quelqu'un est uni à Christ, il appartient à une nouvelle création : les choses anciennes sont passées : voici, **les choses nouvelles** sont venues. Tout cela est l'œuvre de Dieu, qui nous a réconciliés avec lui par Christ et qui nous a confié le ministère de la réconciliation. En effet, Dieu était en Christ, réconciliant les hommes avec lui-même, sans tenir compte de leurs fautes, et il a fait de nous les dépositaires du message de la réconciliation. Nous faisons donc fonction d'ambassadeurs au nom de Christ, comme si Dieu adressait par nous cette invitation aux hommes : « Au nom de Christ, nous vous en supplions : soyez réconciliés avec Dieu. Celui qui était innocent de tout péché, Dieu l'a condamné comme un pécheur à notre place pour que, dans l'union avec Christ, nous recevions la justice que Dieu accorde. »

CHAPITRE 10

Le célibat est un don

> « Je voudrais bien que tout le monde soit comme moi, mais chacun reçoit de Dieu son don particulier, l'un celui du mariage, l'autre celui du célibat. » (1 Corinthiens 7.7)

Si, en règle générale, Dieu a appelé les hommes et les femmes à se marier, il a accordé à certaines personnes la possibilité de rester célibataires. Comme le mariage, le célibat est un don du Seigneur (Matthieu 19.11 et 1 Corinthiens 7.7). Comme tout ce que Dieu nous donne, nous le recevons par la foi avec gratitude. Le célibat est un don de Dieu qu'on accepte et qu'on assume pleinement. De ce fait, la plupart de celles et ceux qui sont mariés aujourd'hui seront à nouveau célibataires un jour ou l'autre car, outre la possibilité d'un divorce, l'un des deux conjoints mourra avant l'autre et laissera derrière lui un veuf ou une veuve. En réalité, il y a deux sortes de célibataires : il y a ceux qui choisissent de l'être et ceux qui souhaiteraient se marier mais qui n'ont pas encore trouvé l'âme sœur.

Ces célibataires qui veulent le rester

Avant de parler des chrétiens célibataires qui ne souhaitent pas se marier, précisons que, pour l'ensemble de la population occidentale, la nouvelle réalité, c'est que les gens qui choisissent le célibat sont de plus en plus nombreux. Dans les années 1980, avec d'autres implanteurs d'églises, j'ai eu le privilège de passer quelques jours avec Timothy Keller au tout début de l'implantation de *Redeemer Presbyterian Church* à Manhattan. Ce qui m'a particulièrement frappé dans nos débats et discussions avec Timothy Keller, c'est le nombre impressionnant de célibataires qui vivent à Manhattan (un adulte sur deux vivait seul). Aujourd'hui, ce phénomène s'est répandu dans toutes les grandes agglomérations occidentales.

Différentes raisons selon qu'on est croyant ou non-croyant

Je pense que l'une des raisons principales pour lesquelles les non-croyants choisissent de rester célibataires, c'est qu'ils sont centrés sur eux-mêmes. Ils sont tellement soucieux de préserver leur bien-être, leur santé, leurs loisirs, leur travail, leurs plaisirs sexuels en solitaire ou en changeant constamment de partenaires qu'il n'y a plus beaucoup de place pour l'autre. Vivre en couple est beaucoup plus compliqué : ça exige des efforts, des renoncements, du travail, des compromis et des sacrifices.

Pour d'autres, le choix du célibat vient du fait qu'ils sont tellement désenchantés en voyant les mariages de leurs amis s'effriter autour d'eux qu'ils ne veulent pas prendre le risque de s'engager eux-mêmes à long terme avec qui que ce soit. Ils préfèrent passer d'une relation à l'autre et vivre dans un présent permanent qui n'a pas de futur.

Par contre, pour certains chrétiens, le célibat est un don qui correspond à un désir et à un choix personnel comme c'était le cas de Paul par exemple (1 Corinthiens 7.7 ; 9.5).

Dans 1 Corinthiens 7, l'apôtre se dit satisfait de sa situation de célibataire (1 Corinthiens 7.8). Il ne semble pas avoir le désir de se marier mais s'il n'éprouve pas ce désir, c'est notamment parce que certains chrétiens de l'époque vivent des temps difficiles, une période de détresse (v. 26) et des souffrances (v. 28) car « le présent ordre des choses va vers sa fin » (v. 31). Bref, pour l'apôtre Paul, à cause de la persécution, il est préférable de rester célibataire pour être libre de toute préoccupation et se consacrer pleinement au travail de l'église (v. 32). Ceci dit, même quand les chrétiens sont persécutés, le célibat n'est pas une règle pour tout le monde (v. 6). Certains chrétiens souhaitent cependant rester célibataires pour d'autres raisons que la persécution.

J'ai eu le privilège d'aller au collège au Cours Issac Homel à Charmes-sur-Rhône. La majorité des enseignants étaient des sœurs protestantes qui avaient décidé de rester célibataires pour pouvoir se consacrer à l'éducation. J'ai également eu l'occasion de côtoyer des femmes missionnaires qui avaient fait le même choix pour se consacrer à la propagation de l'Évangile.

Le pasteur Sam Allberry a également choisi de rester célibataire, une situation qu'il décrit comme un don de Dieu et qui représente certes un défi mais qui n'est pas plus difficile que le mariage (comme les sœurs protestantes et ces femmes missionnaires, Sam Allberry a choisi de rester célibataire pour servir Dieu).[1] Sam Allberry décrit le célibat comme

---

1 Sam Allberry, *7 Myths about Singleness*, (Wheaton: Crossway, 2019), p. 33.

une vocation qu'il ne faut pas confondre avec l'égoïsme.[2] Il dénonce le nombre croissant de non-croyants qui choisissent de rester célibataires et qui refusent par conséquent de prendre leurs responsabilités et de se marier.[3] Il cite Proverbes pour expliquer la différence entre désir sexuel et désir intime, intimité que l'on peut connaître dans le cadre d'une amitié profonde avec certaines personnes.[4] Il rejoint Jésus et l'apôtre Paul qui rappellent que sa famille, c'est l'église.[5] Il insiste surtout sur le fait que, mariés ou célibataires, les chrétiens doivent finalement trouver leur raison de vivre, leur réconfort, leur satisfaction et leur contentement en Christ.[6]

Ces célibataires qui veulent se marier

Mais tous les célibataires n'ont pas le désir de rester célibataires. Si, d'un côté, l'apôtre Paul décrit le célibat comme une bonne chose pour le temps présent, (c'est-à-dire au moment où il écrit ces lignes parce que l'Église traverse une période de grande persécution), il précise que son choix n'est pas une règle pour tout le monde et encourage ceux qui souhaitent se marier à le faire. Car les célibataires qui veulent se marier ont profondément besoin d'échapper à la solitude, de plaire à quelqu'un et de le servir (v. 33), et de vivre une sexualité épanouie (v. 34, 36), ce qui leur permettrait de résister plus facilement aux tentations de la fornication (v. 6, 9).

---

2 *7 Myths about Singleness*, p. 45.

3 Ibid., p. 127.

4 Ibid., p. 52.

5 Ibid., p. 81.

6 Ibid., p. 147-148.

Chapitre 10

Autrement, pour celles et ceux qui voudraient vraiment se marier et qui n'ont pas trouvé l'âme sœur, mon encouragement est le suivant : priez comme si cela dépendait uniquement de Dieu et agissez comme si cela dépendait uniquement de vous.

CHAPITRE 11

L'éducation des enfants

« Des fils : Voilà bien l'héritage que donne l'Éternel, oui, des enfants sont une récompense. » (Psaumes 127.3)

Il y a quelques années, j'ai lu une histoire qui m'a bouleversé et que j'ai pris le temps de traduire :

> Ce matin-là, les saumons ne mordaient pas. Quel contraste avec la veille : ils en avaient attrapé plus de 20 ! Ils décidèrent de monter dans leur petit hydravion et de se rendre dans une baie voisine qui, leur avait-on dit, regorgeait de saumons. Effectivement, ce jour-là, les poissons ont mordu. Il était maintenant temps de repartir et de rejoindre le campement mais, en regagnant l'hydravion, ils furent surpris de trouver l'avion sur la terre ferme. Dans cette baie, la marée était telle que la mer s'était retirée de plus de 10 mètres. Ils ne pouvaient plus décoller. Ils décidèrent alors de bivouaquer sur place. Après un bon repas composé de sau-

mons grillés au feu de bois, ils regagnèrent l'hydravion pour s'y installer pour la nuit. Tôt le lendemain matin, la marée était remontée et le mouvement des vagues les réveilla. Le pilote fit promptement repartir le moteur et manœuvra en vue du décollage mais il découvrit trop tard que l'un des flotteurs avait été percé et s'était rempli d'eau. Le poids du flotteur déséquilibra l'avion qui, en l'espace de quelques secondes, se retourna sur lui-même. Le docteur Philippe Littleford s'assura que tout le monde allait bien (ses deux amis et surtout son fils Marc qui n'avait que 12 ans) et proposa de prier, ce qu'ils firent immédiatement. L'avion n'était pas équipé de gilets de sauvetage et les passagers ne pouvaient s'appuyer sur aucune structure à bord. Très vite, l'avion disparut dans les eaux sombres et glaciales de cette matinée. L'eau glacée leur permettait à peine de respirer. Tous commencèrent à nager en direction du rivage mais le contre-courant de la marée exigeait des efforts redoublés pour avancer. Les deux hommes, de bons nageurs qui étaient avec le père et son fils, parvinrent tant bien que mal à gagner la rive. Au loin, ils aperçurent comme deux petits points noirs : c'était le docteur Littleford et son fils qui, accrochés l'un a l'autre, essayaient de nager à contre-courant. Les garde-côtes rapportèrent plus tard qu'ils avaient probablement survécu une heure maximum dans cette eau glaciale. Ensuite, l'hypothermie avait sans doute ralenti le fonctionnement de leur corps et ils s'étaient finalement endormis. Marc, qui avait un corps plus petit, s'était sans doute endormi le premier dans les bras de son père qui aurait pu nager avec ses deux amis mais qui aurait alors abandonner son fils. Leurs corps ne furent jamais retrouvés ![1]

Celui qui rapporte cette histoire tragique écrit : « Quel père ne serait pas prêt à mourir pour son fils ? »

Si nous sommes prêts à mourir pour nos enfants, pourquoi sommes-nous si souvent réticents à vivre pour eux ? Vivre pour nos enfants, ce n'est pas seulement s'assurer qu'ils ont les vêtements, la nourriture et l'éducation dont ils ont besoin mais c'est les préparer à affronter le monde et à faire face à la vie. Mais vivre pour ses enfants, c'est avant tout les aider à découvrir et à aimer Dieu, à placer leur confiance en Jésus-Christ et à marcher par le Saint-Esprit (Galates 5.16).

> « Si l'Éternel ne bâtit la maison, en vain les bâtisseurs travaillent. » (Psaumes 127.1)

La racine hébraïque du verbe « bâtir » qui est utilisé dans ce psaume vient du verbe *banah* qui a donné le substantif *ben* pour fils, *bath* pour fille et *beith* pour maison. L'image de ce psaume, c'est la construction d'une famille chrétienne.

Un peu plus tôt, j'ai parlé de mon expérience dans le bâtiment pendant mes trois années passées en Floride. Construire une maison, ça prend du temps, ça demande des efforts, ça coûte cher et ça ne se fait pas tout seul. Il faut réfléchir et suivre à la lettre les plans de l'architecte. Il faut respecter les plans au centimètre près pour que les maçons, les charpentiers, les plombiers et les électriciens travaillent tous dans le même sens. Il y a un certain ordre à respecter : d'abord les fondations puis les murs porteurs, la charpente et le toit, et

---

1 Patrick Morley, *L'homme dans le miroir* (éditions Clé, 1997), p. 125. Ma tradution est légèrement différente car j'ai traduit le texte directement de l'anglais.

enfin des milliers de finitions intérieures, les murs séparateurs, les salles de bains, la cuisine, les parquets, etc.

Bizarrement, quand il s'agit de bâtir un foyer, de construire une famille, d'élever des enfants et de leur transmettre les valeurs de l'Évangile, on pense que ça va se faire tout seul. Dieu nous a confié la « construction » de nos enfants et l'architecte de la vie nous donne des plans précis pour construire notre famille.

Les plans de l'architecte par excellence

De son vivant, le célèbre jazzman Duke Ellington aurait dit : « J'ai eu trois éducations : la rue, l'école et la Bible. C'est finalement la Bible qui compte le plus. C'est l'unique livre que nous devrions posséder. »

Dieu n'a pas confié la construction de la famille à l'État et à son dieu Laïcos : il l'a confiée aux parents. C'est lui l'architecte et ses plans de construction se trouvent dans sa Parole. Voici donc son plan, son programme pour la famille.

> Tu aimeras l'Éternel ton Dieu de tout ton cœur, de toute ton âme et de toute ta force. Que ces commandements que je te donne aujourd'hui restent gravés dans ton cœur. Tu les inculqueras à tes enfants et tu en parleras chez toi dans ta maison, et quand tu marcheras sur la route, quand tu te coucheras et quand tu te lèveras. Qu'ils soient attachés comme un signe sur ta main et comme une marque sur ton front. Tu les inscriras sur les poteaux de ta maison et sur les montants de tes portes. (Deutéronome 6.5-8)

Chapitre 11

Les deux mythes principaux du dieu Laïcos

Le Laïcusvirus a réussi à imposer deux mythes à toute la société post-chrétienne occidentale : le mythe de la neutralité et celui de l'innocence des enfants. Ceux qui croient au mythe de la neutralité disent souvent : « Nous ne devons pas imposer notre foi à nos enfants. Nous voulons qu'ils choisissent leur propre religion. » J'ai malheureusement entendu des parents chrétiens pronocer ces paroles, ce qui prouve qu'ils n'ont pas conscience à quel point ils ont été infectés par le Laïcusvirus. Pour reprendre l'analogie de la construction d'une maison, cette façon de penser reviendrait à dire : « Les plans de l'architecte sont intéressants mais je veux donner l'occasion à tous les ouvriers de faire ce qu'ils veulent et de choisir eux-mêmes ce qui leur semble bon. On ne voudrait pas leur imposer nos plans ! »

Imaginez à quoi va ressembler le résultat final de cette construction ? Est-ce que vous achèteriez cette maison ?

Le mythe de la neutralité

La « neutralité » est l'un des plus grands mythes de ce siècle. En fait, même si nous ne faisons rien, même si nous ne transmettons pas de directives précises à nos enfants au risque de les frustrer et de les empêcher de faire leurs propres choix, nous faisons quelque chose.

Si nous ne faisons rien pour inculquer la vérité de Dieu à nos enfants et pour leur permettre de faire leurs propres choix, ils n'auront entendu qu'un seul son de cloche et ne pourront pas choisir. Pourquoi ? Parce que le seul choix qui se présentera à eux sera celui de leurs contemporains et des médias, qui sont devenus les architectes de la nouvelle norme dans notre ère progressiste et post-chrétienne. Dans toute l'histoire du monde occidental, cette nouvelle norme n'a jamais été aussi opposée à la norme du créateur-architecte de l'univers telle qu'il l'a révélée dans la Bible.

Le mythe de l'innocence des enfants

Le mythe de la neutralité va souvent de pair avec un autre mythe : celui de l'innocence des enfants. Pour la plupart de nos contemporains, les enfants sont une source de joie intarissable et d'adorables petits anges dont le premier sourire et les premières paroles sont inoubliables. Cependant, aussi adorables soient-ils, ces petits bouts de chou sont pécheurs comme le reste des hommes. Le roi David et l'apôtre Paul expriment cette réalité de la manière suivante :

> « Je suis, depuis ma naissance, marqué par le péché, depuis qu'en ma mère, le péché est attaché à moi. » (Psaumes 51.7)

> « Dès le ventre de leur mère, les méchants s'égarent, depuis leur naissance, ils profèrent des mensonges. » (Psaume 58.4)

> « Par un seul homme, le péché est entré dans le monde et par le péché, la mort, et ainsi la mort a atteint tous les hommes parce que tous ont péché. » (Romains 5.12)

Nos jeunes enfants n'ont pas besoin de leçons pour apprendre à se mettre en colère, à hurler, à désobéir et à réclamer leur biberon avec impatience. Ils apprennent très vite à manipuler les adultes qui les trouvent adorables et savent très bien comment faire pour obtenir ce qu'ils veulent.

C'est Dieu qui nous a confié nos enfants, des enfants qui sont une bénédiction, un héritage et une récompense (Psaume 127.3). Mais en nous confiant des enfants, Dieu exige que nous les façonnions selon ses plans de construction en les instruisant, en les corrigeant et en leur inculquant sa Parole.

CHAPITRE 12

Les trois périodes principales de l'enfance

En règle générale, trois étapes caractérisent les périodes successives de l'enfance : le bébé, l'enfant et l'adolescent.

Le bébé : cette étape, qui commence à la naissance jusqu'à l'âge d'un an environ, est caractérisée par une dépendance totale de l'enfant vis-à-vis de ses parents.

L'enfant : Cette étape, qui dure environ de 1 à 13 ans, est caractérisée par une volonté d'indépendance. L'enfant commence à ramper puis, dès qu'il peut marcher, va un peu partout. Bien souvent, cette période pendant laquelle il affirme sa propre volonté est aussi le début d'une forme de rébellion. L'enfant cherche à faire ce qu'il veut et il faut qu'il ait tout ce qu'il veut : ce jouet, ce biberon, le blanc et pas le rouge, etc. C'est une période pendant laquelle il commence à prendre des habitudes qui marqueront le reste de son existence. C'est une période cruciale de sa croissance pendant laquelle il va apprendre ce qu'est l'obéissance, le respect, l'autorité, le bien, le mal, le souci d'autrui, l'honnêteté, la patience, la maîtrise de soi, les bonne habitudes, etc.

L'adolescent : Cette étape, qui dure environ de 13 à 18 ans, est la période pendant laquelle la personnalité individuelle se développe. C'est la période pendant laquelle l'adolescent cherche son identité et a besoin de savoir pour quelles raisons il y a certaines règles. C'est aussi la période pendant laquelle il cherche un modèle à suivre et a besoin de se sentir accepté et reconnu en tant qu'individu. C'est la période pendant laquelle les parents ont le plus d'influence sur leur façon de penser, influence qui sera en grande partie déterminée par les bases que les parents auront posées pendant l'enfance. Bien souvent, les adolescents accepteront ou rejetteront les conseils de leurs parents en fonction du succès de l'étape précédente.

Ces trois étapes ressemblent beaucoup à la construction d'une maison : il y a un certain ordre à respecter. L'étape du bébé correspond aux fondations de la maison, celle de l'enfant à sa structure principale, et celle de l'adolescent aux murs et au toit de la maison, c'est-à-dire aux finitions.

Après ces trois étapes, notre rôle de parents en tant que formateurs est terminé. On joue ensuite le rôle de conseillers. Ce qu'il faut surtout retenir de cette période de formation ou d'instruction, c'est qu'elle passe très vite et que ça nous surprend tous. Et même si tous les parents chrétiens souhaitent faire de leur mieux pour équiper et former leurs enfants, n'oublions pas qu'il n'y a pas de parents parfaits et que nous avons tous besoin de la grâce de Dieu pour la plus grande responsabilité et le plus beau projet que Dieu puisse confier aux couples. Nous construisons des édifices qui deviendront un jour des cathédrales vivantes et qui auront une influence sur plusieurs générations.

Chapitre 12

Comment éviter les regrets

À la fin de notre mandat de parents ou d'éducateurs chrétiens, puissons-nous tous chanter avec Édith Piaf : « Non, rien de rien, non je ne regrette rien... » En disant cela, je ne parle pas de perfection. Avec mon épouse, nous avons souvent eu des regrets. On aurait pu faire ou gérer certaines situations beaucoup mieux. Mais si toute la vie est un apprentissage, toute la vie est également un appel à vivre selon ce principe du poète grec Horace : « *Carpe Diem.* » Autrement dit, vivons le moment présent et ne remettons jamais à plus tard ce que nous pouvons et devons faire aujourd'hui. Faisons tout ce que nous pouvons dès aujourd'hui pour nos enfants car nous n'aurons peut-être pas l'occasion de le faire demain.

Les gens de ma génération ont tous entendu *Cat's in the Cradle*, un tube des années 1970 que j'ai essayé de traduire sans les nuances culturelles américaines qui sont présentes dans le refrain mais qui sont difficiles à traduire.

> Mon fils vient juste de naître l'autre jour. Il est venu au monde comme tout le monde mais il y avait des avions à prendre, des factures à payer. Il a appris à marcher alors que j'étais loin et il a parlé avant même que je ne le réalise et, en grandissant, il se redisait : « Papa, un jour, je serai comme toi. Tu sais papa, un jour, je serai comme toi. Quand vas-tu rentrer à la maison, papa ? » « Je ne sais pas quand je vais renter mon fils mais on sera bientôt ensemble, tu verras. On prendra alors du bon temps ensemble. » (Refrain)
>
> L'autre jour, mon fils vient juste de fêter ses 10

ans. Il m'a dit : « Merci papa pour le ballon. Viens jouer avec moi ! Peux-tu m'apprendre à le lancer ? » Et j'ai répondu : « Oh non, pas aujourd'hui, j'ai beaucoup à faire. » Et il répondit : « D'accord, papa. » Et il s'éloigna et son sourire était toujours là. Et il a dit : « Je vais être comme lui. Oui, tu sais, je vais être comme lui ! » (Refrain)

L'autre jour, il est rentré de la fac et il semblait être un homme. Alors, je lui ai dit : « Mon fils, je suis fier de toi. Peux-tu t'asseoir un instant ? » D'un signe de la tête, il m'a dit en souriant : « Ce que je veux vraiment papa, c'est emprunter les clés de ta voiture. Puis-je les avoir s'il te plaît ? À bientôt papa ! » « Quand vas-tu rentrer, mon fils ? » « Je ne sais pas mais on sera bientôt ensemble papa, tu verras, on prendra du bon temps à ce moment-là. » (Refrain)

Je suis maintenant à la retraite et mon fils a déménagé loin d'ici. Je lui ai téléphoné l'autre jour et j'ai dit : « J'aimerais bien te voir si tu le veux bien. » Et il m'a répondu : « Oh, j'aimerais bien papa mais seulement si j'ai du temps. Tu sais papa, mon travail me prend beaucoup de temps et puis les enfants sont malades, mais j'aime bien parler un peu avec toi papa, j'aime bien parler un peu avec toi. » Et en raccrochant, j'ai réalisé qu'il avait grandi exactement comme moi, mon fils est exactement comme moi. (Refrain)

Cette chanson est en fait le cri de détresse d'un père qui a consacré les meilleures années de sa vie à toutes sortes de choses bien louables mais pas à sa famille. On dit tous la même chose : « Plus tard ! » Et en un clin d'œil, les enfants sont partis de la maison. Parents chrétiens, vous n'aurez peut-être pas demain pour éduquer et former vos enfants dans les voies de Dieu. Vous avez aujourd'hui et c'est votre nouveau point de départ. Dans les chapitres suivants, nous allons considérer quelques principes fondamentaux pour éduquer nos enfants dans les voies de Dieu. Je vais surtout me concentrer sur l'« enfant » car c'est pendant cette période que sont posées les bases et les fondations de la vie. Dans un premier temps, nous allons examiner les étapes de la formation spirituelle de nos enfants. Nous parlerons ensuite de la discipline parentale et de la formation du caractère de nos enfants.

CHAPITRE 13

Les disciplines de la foi

Le premier stade de la transmission de la foi

Le premier stade de la transmission de la foi, c'est la transmission et la connaissance de la Parole de Dieu. En un mot : catéchiser.

> « Apprends à l'enfant le chemin qu'il doit suivre, même quand il sera vieux, il n'en déviera pas. » (Proverbes 22.6)

> « Pour toi, reste attaché à tout ce que tu as appris et reçu avec une entière conviction. Tu sais de qui tu l'as appris. Depuis ton enfance, en effet, tu connais les Saintes Écritures ; elles peuvent te donner la vraie sagesse, qui conduit au salut par la foi en Jésus-Christ. » (2 Timothée 3.14-15)

Timothée n'a pas fait son catéchisme en participant à un groupe de catéchumènes qui se réunissaient de temps en temps pour parler de Dieu, de religion ou de politique et qui pensaient que ces discussions allaient les préparer à faire une profession de foi. Non ! Pour Timothée, le catéchisme passe par la lecture des Saintes Écritures dont il discute à la maison avec sa mère et sa grand-mère en l'occurrence. Et cet apprentissage a commencé très tôt (dès son enfance en fait).

Dans Deutéronome 6.6, le verbe hébreu traduit par « inculquer » signifie « aiguiser » et fait référence à un objet qui transperce, qui passe à travers quelque chose. En inculquant la Parole de Dieu à nos enfants, on fait donc en sorte que cette Parole pénètre en eux jusque dans leur cœur. Dans un premier temps, cette pénétration commence par une compréhension relativement simple des choses de la vie et de Dieu. Mais avec le temps, cette transmission régulière de la Bible, expliquée et appliquée au quotidien, va lentement pénétrer dans le cœur de nos enfants et devenir l'essence de leur identité.

En hébreu, le verbe « enseigner, » qui est souvent utilisé en parallèle avec le verbe « inculquer, » signifie « répéter. » C'est l'idée d'un enseignement intensif, un mot souvent employé pour décrire l'entraînement d'un soldat.

Quand cet enseignement pénètre en profondeur dans le cœur du catéchumène, nous entrons dans le deuxième stade de la connaissance de la foi.

Le deuxième stade de la transmission de la foi

Le deuxième stade de la transmission de la foi, c'est l'apprentissage personnel des vérités immuables de Dieu révélées dans les Saintes Écritures que Timothée connaissait depuis son enfance (2 Timothée 3.15). En effet, Timothée n'a pas seulement entendu à maintes reprises la Parole de Dieu depuis sa tendre enfance. Il a aussi appris à mettre cette parole en pratique tout au long de sa jeunesse en vivant en conformité avec ses principes. Dans 2 Timothée 3, Paul poursuit :

> Car toute l'Écriture est inspirée de Dieu et utile pour enseigner, réfuter, redresser et apprendre à mener une vie conforme à la volonté de Dieu. Ainsi, l'homme de Dieu se trouve parfaitement préparé et équipé pour accomplir toute œuvre bonne. (2 Timothée 3.16-17)

Malgré sa jeunesse, il semble que la formation spirituelle de Timothée, qui s'est attaché à mener une vie en conformité avec la Parole de Dieu, lui ait permis d'acquérir une grande maturité spirituelle, maturité qui lui a permis de devenir ancien dans l'église malgré son jeune âge (1 Timothée 4.12 ; 2 Timothée 1.6). Ce qui nous amène au troisième stade de la transmission de la foi.

Le troisième stade de la transmission de la foi

Le troisième stade de la transmission de la foi, c'est la sagesse de Dieu : « Depuis ton enfance, en effet, tu connais les Saintes Écritures ; elles peuvent te donner la vraie sagesse […] » (2 Timothée 3.15)

La sagesse de Dieu : voilà ce qui permettra à des enfants qui auront été bien enseignés de passer du stade de la connaissance de la Bible au stade de sa mise en pratique puis au stade de l'imitation de cette sagesse qui vient d'en haut. Munis de cette sagesse, nos enfants sauront prendre de bonnes décisions et discerner les voies de Dieu. Ils auront une perspective biblique sur le monde et seront le sel de la terre, la lumière de l'Évangile. Ils sauront naviguer dans les tempêtes de la vie en étant dans la paix, dans la joie et en ayant confiance en Dieu. Mais si l'enseignement de nos enfants est essentiel à leur formation spirituelle, cette formation ne se fait pas sans discipline parentale.

CHAPITRE 14

Discipline parentale et formation du caractère de nos enfants

Si nous catéchisons nos enfants pour qu'ils deviennent sages et si ces derniers se rebellent, le fait de leur inculquer la Parole de Dieu risque de produire l'effet inverse (ils ne seront pas sages). Mais qu'est-ce que la rébellion au juste ?

Un enfant rebelle, c'est un enfant incontrôlable et livré à lui-même : « Un enfant livré à lui-même fera la honte de sa mère. » (Proverbes 29.15b)

En hébreu, l'expression « livré à soi-même » (*shalash*) signifie « incontrôlé. » Cette expression est parfois utilisée pour décrire des animaux dans un champ sans clôtures ou sans protection. Par exemple, un oisillon serait livré à lui-même s'il sortait des limites de son nid et s'écrasait au sol. On pourrait donc traduire ce verset ainsi : « Un garçon qui sort des limites fixées fait honte à sa mère. »

Ce qui ressort de ce proverbe, c'est qu'un enfant qui grandit sans être contrôlé par ses parents est, de fait, livré à lui-même, ce qui signifie qu'il vivra en conformité avec sa nature pécheresse. Nous avons un cas précis d'enfants livrés à eux-mêmes dans la Bible : les fils d'Éli, le juge et grand souverain sacrificateur d'Israël, qui a négligé l'éducation de ses enfants, devenus de véritables voyous. Dans 1 Samuel, Dieu reproche à Éli de ne pas avoir châtié ses enfants. (1 Samuel 3.13) Éli a pourtant averti ses fils à plusieurs reprises (1 Samuel 2.22-24) mais ces derniers n'ont tenu « aucun compte de l'avertissement de leur père. » (1 Samuel 2.25)

Éli était un homme de Dieu consacré à son ministère de prêtre mais il a malheureusement échoué dans l'une des tâches les plus importantes de sa vie. C'est tellement grave que Dieu déclare qu'il va condamner sa maison à perpétuité !

Le problème, c'est qu'Éli n'a pas réprimé ou châtié ses fils. Il n'a pas usé de son autorité parentale pour contrôler la nature pécheresse de ses fils et le résultat est tragique pour lui comme pour ses fils.

Dans le Nouveau Testament, l'apôtre Paul a sans doute cet exemple en tête quand il s'adresse aux responsables de l'église de la nouvelle alliance et précise que, pour être responsable, un pasteur ou ancien doit « être irréprochable, un mari fidèle, avec des enfants obéissants, fidèles, c'est-à-dire qu'ils ne soient pas accusés d'inconduite ou d'insoumission. » (Tite 1.6 ; 1 Timothée 3.4)

L'impact du Laïcusvirus sur la discipline parentale

Nous sommes très influencés par la psychologie moderne de la discipline que le Laïcusvirus nous enseigne depuis des années. Le présupposé de base, c'est que, comme je l'ai déjà précisé, les enfants sont innocents, fondamentalement bons et que c'est la société qui les pervertit. Cette philosophie se traduit par une politique du laisser-faire car on ne doit rien imposer aux enfants. Il faut juste parler et négocier. Mais comme ça marche rarement, le plus souvent, ce sont les menaces et la colère qui l'emportent. Si vous voulez vraiment savoir si les enfants sont innocents et fondamentalement bons, allez dans un centre commercial un samedi après-midi !

Une politique de l'entonnoir renversante

Beaucoup de parents chrétiens font ce que James Dobson, célèbre psychologue chrétien des années 1970, appelait la « politique de l'entonnoir. » Un entonnoir est un objet dont l'ouverture est assez large mais dont la sortie est relativement étroite. De la même manière, les parents ont tendance à être assez « larges » et à laisser faire leurs enfants en bas âge. Des enfants qui désobéissent mais qui sont adorables. Des enfants qui mentent mais qui font sourire. Au fil des années, ces enfants deviennent des adultes qui n'ont jamais vraiment appris l'obéissance, la soumission, le respect des limites et qui sont frustrés car souvent rebelles. Comprenant leur erreur, les parents tentent maintenant de rectifier le tir en serrant la vis et en essayant de contrôler leurs enfants mais le succès est rarement au rendez-vous. James Dobson conseille donc de renverser l'entonnoir. Selon lui, on doit maximiser le contrôle et la supervision de l'enfant dès le plus jeune âge en fixant des limites précises pour qu'il apprenne les règles de la liberté par l'obéissance immédiate et sans condition. Ensuite, au fur et à mesure que l'enfant obéit aux règles sans discuter et comprend leur utilité, les parents peuvent élargir les limites pour qu'il puisse voler de ses propres ailes en tant que jeune adulte.

L'apprentissage de l'obéissance

« Enfants, obéissez à vos parents en toutes choses, c'est ainsi que vous ferez plaisir au Seigneur. » (Colossiens 3.20)

Avec mon épouse, nous avons eu la joie et le privilège d'élever cinq enfants et de conseiller de nombreux parents au cours de nombreuses années consacrées au travail pastoral. Lors de nos rencontres, certaines questions sur l'éducation et notamment sur l'obéissance revenaient constamment. Voici quelques exemples :

À partir de quel âge doit-on exiger l'obéissance de nos enfants ? Est-ce important et, si oui, pourquoi ? Peut-on exiger une obéissance immédiate ? Pourquoi ?

Nous croyons que les enfants doivent apprendre à obéir le plut tôt possible, dès qu'ils comprennent ce que leurs parents leur disent. C'est important car, à l'exemple de nos premiers parents (Adam et Ève), la désobéissance a des conséquences tragiques. Cependant, avant de conclure qu'un enfant a désobéi, nous devons d'abord nous assurer qu'il n'est pas malade, qu'il a bien entendu l'ordre auquel il doit obéir et qu'il a bien compris les consignes. Adam et Ève étaient en bonne santé, ils avaient parfaitement entendu l'ordre auquel ils devaient obéir et ils avaient très bien compris le commandement de Dieu puisque Ève le répète au serpent.

Si l'enfant n'est pas malade, s'il a bien entendu et compris le commandement, et s'il n'obéit pas, devons-nous répéter notre demande, élever la voix ou le menacer pour qu'il obéisse ?

Rien de tout ça !

Cependant, voici trois règles qui nous ont été très précieuses pour éduquer nos enfants :

1. N'exigez jamais d'un enfant qu'il obéisse au-delà de ses capacités de compréhension. Comment cet enfant va-t-il réagir si vous le disciplinez sans qu'il sache pourquoi ?

2. Ne fixez jamais des limites ou des règles auxquelles l'enfant ne peut pas obéir. Par exemple, un enfant dans un grand état de fatigue n'est pas toujours en mesure de respecter les limites ou les règles fixées (les enfants ont besoin de beaucoup de sommeil et d'une certaine routine). N'oublions pas cette exhortation de l'apôtre Paul : « Mais vous, pères, n'exaspérez pas vos enfants, pour ne pas les décourager. » (Colossiens 3.21)

3. Autant que faire se peut, quand vous fixez des limites à ne pas dépasser, annoncez les conséquences en cas de désobéissance. C'est l'un des principes fondamentaux de l'alliance que Dieu a conclue avec son peuple. D'un côté, les conséquences de l'obéissance sont les récompenses et la bénédiction. De l'autre, les conséquences de la désobéissance sont la punition et la malédiction.

Il ne faut cependant pas confondre conséquences et menaces. Les menaces peuvent devenir une forme de chantage tandis que les conséquences correspondent à la nature de Dieu qui exige l'obéissance et, en cas de désobéissance, la justice.

Quand Dieu a interdit à Adam et Ève de manger du fruit de l'arbre du choix entre le bien et le mal, il l'a dit une seule fois (il n'a pas répété le commandement plusieurs fois et n'a fait ni chantage, ni menaces). Dieu a offert aux hommes tout un éventail de bénédictions dans un jardin rempli de toutes sortes de bons fruits. Il a clairement fixé des limites à ne pas dépasser, un seul commandement à ne pas enfreindre, et il a clairement annoncé les conséquences en cas de désobéissance.

Pourquoi est-il important d'exiger une obéissance immédiate ?

1. En France, en général, on hurle pour que les enfants obéissent. Mais le parent frustré qui n'obtient pas l'obéissance immédiate et qui répète le commandement en haussant le ton a déjà perdu la bataille. Si l'enfant sait que son père ou sa mère va se fâcher au bout de la cinquième menace, il apprendra à obéir à la cinquième menace et pas avant.

2. L'enfant apprend à obéir quand il entend une certaine frustration dans la voix de ses parents (il sait alors que la sanction risque de tomber).

3. En cas de danger, l'enfant qui n'aura pas appris l'obéissance immédiate se met lui-même en danger. D'où l'importance d'hausser le ton uniquement pour les vraies urgences.

Peut-on permettre à des enfants de discuter ou de remettre en question une décision ou un commandement parental ?

Oui, jusqu'à un certain point et en fonction d'un certain âge. Ce qui est positif (si l'enfant est respectueux et reste soumis), c'est que ça montre que l'enfant réfléchit. Mais si un enfant n'a pas appris à obéir systématiquement, il devra d'abord apprendre à pratiquer l'obéissance pour pouvoir, à l'occasion, contester et remettre en question une décision parentale (l'équilibre à maintenir dépendra des situations et des circonstances). Étant donné que les parents ne seront pas toujours en mesure de fournir les explications nécessaires qui pourraient satisfaire leurs enfants, ces derniers doivent apprendre à obéir sans recevoir systématiquement une explication rationnelle. Le bébé ne comprend pas pourquoi la prise électrique est dangereuse, l'enfant de trois ans ne comprend pas pourquoi il ne peut pas faire du vélo sur la route, et l'enfant de 12 ans ne comprend toujours pas pourquoi ses parents lui demandent d'éviter tel ou tel groupe d'amis. Les parents qui auront pris le temps de communiquer avec leurs enfants dès le plus jeune âge auront créé un climat de confiance qui leur donnera le sérieux nécessaire pour ne pas être obligés d'expliquer systématiquement le pourquoi du comment de leur décision.

Comment faire face à la rébellion d'un enfant ?

Lorsqu'un enfant franchit les limites qui ont été fixées, il se rebelle, la rébellion étant finalement un rejet de l'autorité. De la même manière qu'un conducteur ayant perdu le contrôle de son véhicule va sortir de la route avant d'être arrêté par un obstacle dans sa course folle, nos enfants doivent s'attendre à rencontrer des obstacles quand ils dépassent les bornes. La question est de savoir qui va gagner : la voiture ou l'arbre ?

En remettant en question l'autorité de ses parents, l'enfant teste peut-être leur amour et leur patience. Dans son for intérieur, il se dit peut-être : « Jusqu'où iront-ils pour m'arrêter ? S'intéressent-ils assez à moi pour m'arrêter ? »

Les différents scénarios possibles face au conflit

Fuir ? J'ai entendu l'histoire d'une maman contre laquelle l'enfant de trois ans était tellement en colère qu'il lui a craché dessus à trois reprises. Ne sachant plus quoi faire, elle est allée se réfugier dans sa chambre et a fermé la porte à clé pour éviter d'autres projectiles. L'enfant, encore plus frustré, s'est alors mis à taper violemment sur la porte et a continué à cracher. Le fait de fuir un conflit ne fait qu'aggraver la rébellion.

Raisonner avec l'enfant rebelle ? Comme je l'ai dit un peu plus tôt, il est parfois possible de raisonner et d'expliquer les choses mais le raisonnement précède généralement le commandement. Si l'enfant a clairement désobéi, ce n'est pas le moment de raisonner ou de négocier : il faut de la discipline et, dans le cadre de cette discipline, un rappel des termes de l'alliance et de ses conséquences.

Marchander avec l'enfant ? Le marchandage se fait surtout en public. Quand on ne peut pas discipliner, on menace ou on marchande : « Si tu obéis, tu auras un bonbon ! » Mais le marchandage ne forme pas le caractère de l'enfant (Dieu ne marchande jamais avec nous).

Manipuler l'enfant pour qu'il obéisse ? Manipuler un enfant pour qu'il obéisse, c'est jouer avec ses émotions et instaurer une forme de chantage. Là encore, Dieu ne manipule jamais ses enfants.

Détourner l'attention de l'enfant pour éviter le conflit ? C'est une pratique très courante surtout quand on est en public ou avec des amis. On passe son temps à éliminer les obstacles qui se trouvent sur le chemin de l'enfant pour lui éviter de désobéir. Imaginez un tel enfant à l'âge adulte !

Fuir, raisonner, marchander, manipuler et détourner les obstacles constituent peut-être des options immédiates mais, à long terme, cette façon de gérer les conflits ne construira pas le caractère d'un enfant.

Quand les limites sont clairement fixées et comprises par l'enfant et quand ce dernier désobéit, il faut immédiatement passer à l'action en le disciplinant ou en le corrigeant (dans les limites du raisonnable et en fonction de ses capacités de compréhension).

Voici quelques éléments de réflexion en matière de discipline ou de correction : « Vous parents, n'exaspérez pas vos enfants, mais élevez-les en les éduquant et en les conseillant d'une manière conforme à la volonté du Seigneur. » (Éphésiens 6.4)

Ce verset contient un double commandement : un négatif et un positif. On pourrait aussi traduire l'impératif négatif (« n'exaspérez pas vos enfants ») en disant : « n'irritez pas » ou « ne provoquez pas vos enfants. » Le verbe utilisé en grec est parfois utilisé dans le domaine de la navigation, comme pour dire : « n'enlevez pas le vent des voiles d'un bateau, ce qui l'empêcherait de naviguer. » Si je devais replacer ce verbe dans le contexte de la discipline ou de la correction d'un enfant, je dirais : « Pères, ne découragez pas vos enfants alors qu'ils sont en train d'essayer d'apprendre. » Ou encore : « Père, n'imposez pas à vos enfants des limites ou des règles trop strictes pour eux car ça risque de les décourager. »

Ce qui exaspère les enfants :

Changer les règles du jeu en cours de route. Imaginez qu'un enfant joue au Monopoly avec ses frères et sœurs et que l'un d'entre eux décide de changer les règles au beau milieu de la partie : à partir de maintenant, on peut mettre une maison et un hôtel sur sa propriété sans avoir toutes les couleurs de cette catégorie. Comment cet enfant va-t-il réagir ? Quand j'étais petit, j'appelais cela de la triche ! Nos enfants ayant généralement un sens assez aigu de la justice, le fait de changer les règles en cours de route leur semblera sans doute très injuste et produira en eux un sentiment d'exaspération.

Une discipline disproportionnée par rapport à la faute commise. Une sanction est parfois trop sévère ou trop clémente par rapport à la faute commise. Par exemple, imaginez une petite fille qui apporte un beau bouquet de fleurs à sa maman et qui est toute contente car elle vient juste de les cueillir. Mais dans son enthousiasme, cette petite fille oublie qu'elle est rentrée dans la maison avec des chaussures pleines de boue ! Sa maman, qui vient juste de laver le parquet, se met donc en colère et punit son enfant. Sous l'emprise de la colère, cette mère ignore le beau bouquet de sa fille et lui dit : « Tu es privée de dessert ! » Avec un peu de recul, elle regrette son geste, décide d'ignorer la punition et fait semblant de l'avoir oubliée au moment du dessert. Le lendemain, sa fille commet une faute grave et la maman, comme pour se rattraper de la veille, passe l'éponge. Résultat : l'enfant est exaspérée.

Trop de règles : Comme dans beaucoup de gouvernements, pour chaque problème, on crée une nouvelle loi. Et parfois, il y a tellement de lois qu'on s'y perd ! Mais dans la Bible, Dieu a donné un seul commandement à Adam et Ève, et seulement dix commandements à Moïse, commandements qui ont été ensuite résumés ainsi par Jésus : « Tu aimeras le Seigneur, ton Dieu, de tout ton cœur, de toute ton âme et de toute ta pensée [...] Tu aimeras ton prochain comme toi-même. » (Matthieu 22.37, 39) Dans notre famille, on a réduit l'essentiel de nos règles à trois règles principales et non négociables : obéir immédiatement, respecter ses parents et toujours dire la vérité. Saint-Augustin aurait apparemment résumé toutes ces choses en une seule règle de base : « Aime Dieu et fais tout ce que tu veux. »

Discipliner pour une faute d'enfant : Il faut faire la distinction entre un enfant qui renverse son lait par maladresse et un enfant qui renverse son lait parce qu'il joue alors qu'on lui a dit d'arrêter.

Mais le commandement de l'apôtre Paul contient aussi une partie positive : « Élevez-les en les éduquant et en les conseillant d'une manière conforme à la volonté du Seigneur. » (Éphésiens 6.4) La version Louis Segond est encore plus proche du texte original « Élevez-les en les corrigeant et en les avertissant selon... : le Seigneur. »

Votre enfant a franchi des limites que vous avez pourtant clairement établies : il n'est pas malade, il a entendu et compris ce que vous lui avez demandé de faire, et il doit donc s'attendre à votre réaction. Par où commencer ?

1. Priez pour que Dieu vous donne de la sagesse (tout le monde peut se tromper).
2. Priez pour ne pas infliger votre correction sous le coup de la colère ou de la frustration.
3. Priez pour que votre discipline produise le résultat escompté.

Punir ou discipliner/châtier ?

Quand Dieu parle de punition, il vise généralement les païens qui seront jugés le jour du jugement dernier. Mais quand Dieu parle de correction ou de châtiment, il a plutôt en vue ses enfants. La punition est dirigée contre la personne tandis que le châtiment vise à corriger un comportement répréhensible. Dieu nous corrige pour notre bien et pour nous faire grandir. Selon Hébreux 12.6, Dieu corrige celui qu'il aime et châtie celui qu'il considère comme son enfant. Le but de la correction consiste précisément à corriger la trajectoire d'une personne, à la remettre sur la bonne voie, à redresser celui ou celle qui flanche, ce qui implique une certaine communication.

L'importance de la communication dans la correction

La communication n'est pas un monologue mais un dialogue : « Qui répond avant d'avoir écouté manifeste sa sottise et se couvre de confusion. » (Proverbes 18.13)

L'art de la communication ne consiste pas tellement à savoir exprimer ses propres pensées mais à savoir écouter et comprendre les pensées des autres. En communiquant avec nos enfants, notre objectif est de les comprendre et pas seulement de s'assurer qu'ils nous comprennent ou qu'ils ont entendu nos consignes. Le problème de beaucoup de parents, c'est qu'ils sont trop souvent pressés, qu'ils ne prennent pas le temps de savoir ce qui s'est réellement passé et qu'ils passent ainsi leur colère de la journée sur leurs enfants : « Pourquoi t'as frappé ta petite sœur ? Comment tu sais pas ? Tu veux pas parler, c'est ça ? » Et la colère monte...

À l'inverse, poser la bonne question peut aider l'enfant à donner la bonne réponse : « Qu'est-ce qu'elle a fait ta petite sœur pour que tu la frappes ? Aide-moi à comprendre comment le fait de la frapper va régler le problème ? Comment aurais-tu pu agir autrement pour régler le problème ? »

Correction et châtiments

En général, l'Écriture privilégie la correction corporelle mais sans préciser de quel âge à quel âge. Aussi, je crois que cette période doit correspondre à celle de la jeune enfance :

> « Je serai pour lui un père, et il sera pour moi un fils ; s'il fait le mal, je me servirai d'hommes pour le corriger par des coups et des châtiments, mais je ne lui retirerai jamais ma faveur. » (2 Samuel 7.14)

> « La tendance à faire des actions déraisonnables est ancrée dans le cœur de l'enfant, le bâton de la correction l'en extirpera. » (Proverbes 22.15)

La partie du corps la plus rembourrée et la plus sensible,

c'est le postérieur. Il faut que le bâton ou la cuillère en bois fasse mal sans pour autant blesser (le but n'est pas d'humilier ou d'écraser l'enfant).

Hébreux 12.11 précise que la correction doit engendrer une certaine tristesse et finalement une certaine paix.

La violence physique (le fait de corriger un enfant en le giflant sous le coup de la colère par exemple) n'engendrera que de l'humiliation, de la colère et de la rébellion (le contraire de la tristesse qui produit la paix).

« Élevez-les en les éduquant et en les conseillant d'une manière conforme à la volonté du Seigneur. »

Nous sommes actuellement dans une église qui est convaincue que les enfants doivent participer à tout le culte avec les parents. Il y a bien une garderie facultative mais, en règle générale, tous les enfants assistent au culte. Et comme nous avons beaucoup de jeunes familles qui ont toutes un certain nombre d'enfants, ça gazouille pas mal ! Il y a quelques semaines, il y avait tellement de monde que j'ai dû m'asseoir en haut, sur des strapontins. De là, j'ai pu observer de nombreux parents et la façon dont ils géraient leurs enfants pendant le culte. Régulièrement, j'ai vu des papas sortir discrètement avec leurs enfants pour leur donner une correction. En général, quand un papa sort avec son enfant, on peut lire sur le visage de l'enfant qu'il sait exactement ce qui l'attend. Parfois, les enfants sortent en criant et en pleurant. Ce jour-là, un papa est sorti avec son jeune garçon de cinq ans qui, de toute évidence, avait fait une sottise. Son petit visage était grave et celui du papa sérieux. Deux grandes surprises m'attendaient. La première, c'est le temps que le papa a pris pour se mettre à l'écart, corriger son fils et lui parler (environ 20 minutes). Il a raté plus de la moitié du sermon. Mais il a fait une chose beaucoup plus importante : il a pris le temps de corriger, d'instruire et d'aimer son fils plus que tout autre chose. Ma deuxième surprise fut de les voir revenir tous les deux, main dans la main (la joie du petit garçon et de son papa ne sont pas passées inaperçues). Ce jour-là, je venais d'assister à un « sermon » bien plus puissant que celui du pasteur, qui a malgré tout fait un excellent travail.

La correction corporelle ne doit jamais se faire sans un enseignement verbal rempli d'amour. Il est bon de rappeler le pourquoi du comment de la correction pour que l'enfant comprenne que c'est par amour que Dieu demande à ses parents de le corriger. Il est aussi souhaitable que l'enfant puisse s'exprimer pour vous montrer qu'il a bien compris la ou les raisons qui vous ont poussé à le discipliner. Le but, c'est de l'aider à revenir sur le droit chemin pour qu'il puisse avoir la joie d'être en harmonie avec ses parents et avec son Seigneur, source de paix intérieure. Il est enfin tout à fait approprié de conclure votre échange par la prière.

« ...en les conseillant d'une manière conforme à la volonté du Seigneur. »

La clé de l'éducation, c'est de travailler à la formation du caractère de nos enfants en définissant quelques règles de base. Par exemple, si je demande à Jean de partager son dessert avec sa sœur, je lui demande d'obéir. Mais nous savons tous que les enfants peuvent parfaitement obéir sans que le cœur y soit. Nous voulons qu'ils obéissent de tout leur cœur et non comme des machines à obéir ou des petits légalistes (nous voulons faire d'eux des disciples de Jésus-Christ qui vivent en conformité avec la volonté du Seigneur). L'éducation chrétienne va bien au-delà de la simple obéissance : elle vise le cœur et la formation du caractère.

C'est à nous, parents chrétiens, que Dieu a confié la mission d'éduquer nos enfants. Il n'a pas confié cette tâche aux école laïques, aux écoles chrétiennes (aussi compétentes soient-elles) ou à l'église (nous verrons plus tard l'importance de l'éducation chrétienne et le rôle de l'église dans l'instruction de nos enfants).

Passons maintenant en revue quelques questions que les parents peuvent se poser s'ils veulent diagnostiquer la relation que leurs enfants entretiennent avec Dieu, avec eux-mêmes et avec les autres.

La relation de l'enfant avec Dieu

Votre enfant vit-il en dépendant de Dieu ? A-t-il une relation personnelle avec lui ? Est-ce qu'il cherche Dieu et est-ce qu'il veut le connaître ? Est-ce qu'il aime Dieu ? Est-ce qu'il parle de Dieu ? Si oui, comment ? Dieu est-il une source de réconfort pour lui, son aide et sa force ? Les choix de votre enfant révèlent-ils qu'il connaît Dieu personnellement ? Est-ce qu'il aime la vérité de la Parole de Dieu ? Est-il sensible aux réalités spirituelles ? Que pense-t-il de Dieu ? Dieu est-il grand ou petit dans son esprit ? Considère-t-il Dieu comme un ami, un juge ou un roc ?

La relation de l'enfant avec lui-même

Qu'est-ce que l'enfant pense de lui-même ? À quel point se comprend-il ? Est-il conscient de ses forces et de ses faiblesses ? Est-ce qu'il comprend sa personnalité ? Est-il paralysé par la peur ? Est-il timide ou est-il trop sûr de lui ? Est-il orgueilleux et arrogant ? Est-il capable de finir ce qu'il a commencé ? Peut-il travailler indépendamment sans que vous soyez toujours derrière lui ?

Chapitre 14

La relation de l'enfant avec les autres

Quelles relations votre enfant entretient-il avec les autres ? Comment réagit-il quand il est avec d'autres personnes ? Est-il dominant ou dominé ? Cherche-t-il à attirer l'attention sur lui-même ? Comment réagit-il quand on lui fait du mal ?

Cette liste de questions n'est pas exhaustive mais elle peut s'avérer utile pour évaluer les forces et les faiblesses de vos enfants, l'état de leur cœur. À partir de ce diagnostic, vous pourrez ainsi remédier aux problèmes tout en encourageant votre enfant à continuer à grandir dans sa foi conformément à la volonté du Seigneur.

Et ce beau programme d'éducation de nos enfants nous amène directement au chapitre suivant.

CHAPITRE 15

La scolarisation chrétienne

Pour Socrate, c'est l'éducation qui sauve puisque le problème de l'homme (le péché) se règle par l'éducation. Pour le chrétien, le problème de l'homme se règle par Christ : l'éducation est l'instrument qui conduit à Christ.

> Il a fixé une règle en Jacob, établi une loi en Israël, et il a ordonné à nos ancêtres d'enseigner tout cela a leurs enfants. Afin que la génération suivante, celle des enfants qui viendront à naître, puisse l'apprendre et se lève à son tour pour l'enseigner à ses propres enfants, afin qu'ils placent leur confiance en Dieu, qu'ils n'oublient pas les hauts faits du Dieu fort et qu'ils observent ses commandements. (Psaumes 78.5-7)

Quand on parle d'éducation, il est important de relever que le verbe *educatio* (en latin) vient du verbe *ducere* qui signifie « conduire » ou « guider » dans le domaine des valeurs notamment. Ces valeurs sont véhiculées par ce qu'on appelle l'instruction qui consiste à transmettre un certain nombre de connaissances. Dans ce chapitre, nous allons nous concentrer sur l'importance de l' « instruction » ou de la « scolarisation chrétienne » qui, selon nous, fait partie de l'éducation chrétienne en général.

État des lieux

« En France, la culture chrétienne recule notamment chez les plus jeunes »

> Une érosion, mais aussi une persistance. C'est le résultat ambivalent de l'enquête de l'institut de sondage IFOP pour Le Monde sur les Français et la culture chrétienne (majoritairement catholique dans l'Hexagone). Réalisé auprès de 1 009 personnes par questionnaire auto-administré selon la méthode des quotas, ce sondage reprend les mêmes questions que celui réalisé dans nos pages en 1988, à l'occasion de la visite du pape Jean Paul II à Strasbourg. Un délai de trente-deux ans qui permet de mesurer à quel point la culture chrétienne s'est modifiée au sein de la population française. On voit que cette culture se maintient mais que, en même temps, il y a des trous béants dans cette dernière, notamment chez les jeunes. Cela pose la question de la transmission, y compris chez les pratiquants, note Jérôme Fourquet, qui dirige le département opinion de l'IFOP. Sur plusieurs questions—qui peuvent sembler assez basiques—la proportion de sondés qui ne se prononcent pas est ainsi impressionnante.[1]

---

1 https://www.lemonde.fr/societe/article/2020/08/14/en-france-la-culture-chretienne-recule-notamment-chez-les-plus-jeunes_6048942_3224.html

Et qu'en est-il des chrétiens évangéliques américains ?

Une étude portant sur les Américains se déclarant sans affiliation religieuse—ceux ou celles qui se déclarent *sans aucune religion*—jette une lumière crue sur la question du désengagement religieux. Près d'un cinquième des Américains (19%) déclarent en effet avoir quitté la religion dans laquelle ils ont grandi pour devenir des adultes sans religion. La majorité d'entre eux (60%) expliquent ce changement non en raison de mauvaises expériences, mais « parce qu'ils ont tout simplement arrêté de croire » aux enseignements bibliques qu'ils recevaient. Une bascule qui intervient généralement avant l'âge de 30 ans (62% avant 18 ans, 28% entre 18 et 29 ans) précise encore l'Institut public de recherche sur la religion (PRRI). Les *sans aucune religion* représentent aujourd'hui 25% de la population américaine (39% chez les 18-29 ans), ce qui en fait la plus grande communauté « religieuse » des États-Unis, devant les catholiques (21%) et les évangéliques blancs (16%).[2]

Les écoles de l'État : fief du Laïcusvirus

Il n'y a pas qu'aux États-Unis que les jeunes quittent l'église : en général, les jeunes quittent aussi l'église en Europe. Curieusement, dans les différents articles et les différentes thèses que j'ai pu consulter, personne ou presque

---

2 Religion News Service : https://religionnews.com/2016/09/22/why-most-people-leave-religion-they-just-stop-believing/

ne semble identifer l'origine du virus qui contamine notre système éducatif laïc depuis des années. Même si les jeunes rejettent peut-être la foi chrétienne pour d'autres raisons, il semble que la cause première de ce rejet soit l'Éducation nationale elle-même qui, depuis des années, dénigre systématiquement la religion et en particulier le christianisme (et ça bourgeonne déjà en primaire !).

Le confinement causé par le coronavirus a révélé des situations choquantes. J'ai déjà fait référence à cet article du ministère de l'Éducation nationale (« Covid 19 et risques de dérives sectaires ») invitant les enseignants à identifier les enfants susceptibles d'être exposés à des discours anxiogènes, notamment quand leurs parents adhèrent à un groupe sectaire : « Ne nous faisons pas d'illusions, les évangéliques sont placés dans la catégorie *sectaire*. »

Aux États-Unis, dans la fameuse *Bible Belt* du sud-est connue pour son nombre impressionnant d'églises évangéliques, voici un exemple parmi tant d'autres de l'emprise du Laïcusvirus sur les écoles publiques.

L'État : seule institution autorisée à instruire nos enfants

Dans l'État du Tennessee, on a demandé aux enfants ne pouvant plus se rendre à l'école pendant le confinement de rester chez eux et de reprendre leur scolarité devant leur ordinateur. L'une des écoles de la circonscription de Rutherford a envoyé un mémo à tous les parents pour leur demander de confirmer, signature à l'appui, qu'ils n'avaient pas accès au contenu et aux conversations entre les professeurs et les élèves. L'initiative a déclenché un véritable tollé ! Voici la réponse du pasteur et théologien Dr. Harry Reeder dans un podcast :

Chapitre 15

Comment un parent qui aime ses enfants et qui veut leur bien pourrait-il signer une telle injonction ? L'éducation d'un enfant n'est pas la responsabilité de l'État. On nous fait croire depuis 50 ans que l'État est le « spécialiste de l'éducation » et que seuls les « professionnels connaissent les vrais besoins de nos enfants. » Non ! Dieu a confié aux parents la responsabilité d'éduquer leurs enfants. Ce sont eux qui connaissent le mieux leurs enfants. Ils peuvent obtenir de l'aide en payant des gens compétents et en qui ils ont confiance pour enseigner les sciences et les mathématiques. Imaginez des parents auxquels on dirait dans votre église : « Vos enfants peuvent aller à l'école du dimanche mais vous ne pouvez ni venir ni savoir ce que nous allons leur dire. » Ou imaginez que vous êtes dans une aire de jeux et qu'on vous dise : « Non, vous ne pouvez pas entrer. Étant diplômé et spécialiste de la petite enfance, j'ai besoin de parler à votre enfant et je vous demande de rester à l'écart. » Et pendant huit heures, ces personnes vont prendre vos enfants pour leur chuchoter à l'oreille des choses que vous n'avez pas le droit de connaître. Quiconque exige une telle chose et menace d'expulser votre enfant de l'école si vous ne vous soumettez pas à ses exigences (que ce soit un organisme ou une autorité quelconque financée par vos impôts) représente une forme radicale d'autorité et c'est immoral. Ce qui est en train de se passer, c'est que les profs enseignent, prennent des initiatives et ne veulent pas que les parents soient impliqués ou donnent leur avis. En réalité, l'enseignement à distance est une bonne chose dans le sens où les parents peuvent enfin

« s'inviter » dans la classe et entendre ce qui se dit. Voilà ce qui dérange cette école du Tennessee. Jusqu'à présent, les parents ne savaient pas ce que leurs enfants entendaient du matin au soir. L'enseignement virtuel change tout. Ce qui est un bienfait est devenu une menace. Enseigner un programme du gouvernement, c'est une chose mais l'interprétation personnelle, c'est tout autre chose. L'État est appelé à veiller au bien-être général de la population, dont l'école fait partie, mais les parents doivent avoir le droit d'accéder à toutes les informations concernant leurs enfants (ce qu'on leur enseigne, ce qu'ils étudient et ce qu'ils entendent), de valider le bien et de s'opposer au mal. Et ça ne doit pas se faire clandestinement. Nous sommes appelés à éduquer nos enfants dans la crainte de Dieu. La responsabilité chrétienne des parents est d'enseigner à leurs enfants une vision du monde qui est en harmonie avec la Parole de Dieu.[3]

La grâce commune et l'enseignement laïc

Certains chrétiens pensent que le fait d'envoyer leurs enfants dans une école laïque n'est pas un problème car Dieu, dans sa grâce commune, permet à des non-croyants d'observer, d'acquérir des connaissances et donc de retransmettre ces connaissances à nos enfants. Pour ces chrétiens, les écoles laïques sont un peu comme les hôpitaux publics : les deux existent en vertu de la grâce commune de Dieu et il est tout

---

3   Harry Reeder, Briarwood Presbyterian Church, Birmingham (Alabama), *In Perspective*, podcast du 20 août 2020.

à fait possible de profiter des deux systèmes.

Jean Calvin décrit la grâce commune de la façon suivante :

> Lorsque nous discernons chez les écrivains païens une admirable lumière de vérité, nous sommes exhortés à reconnaître que la nature humaine, bien que déchue de sa perfection et très corrompue, est cependant comblée de nombreux dons de Dieu. Si nous admettons que l'Esprit de Dieu est comme la fontaine unique de vérité, nous ne mépriserons pas la vérité où qu'elle apparaisse, autrement nous ferions injure à l'Esprit de Dieu. Sous-estimer les dons de l'Esprit revient à mépriser et à humilier l'Esprit.[4]

L'épistémologie (du grec *epistémê* signifiant « connaissance, » « science » ou « discours ») pose la question suivante : comment l'homme peut-il connaître quelque chose ? L'école est un lieu où les enfants sont censés recevoir cette connaissance. Que ce soit dans le domaine des arts, de la musique, de la sculpture, des sciences, de l'histoire, de la géographie, de la philosophie, des mathématiques, de l'orthographe ou de la grammaire, en vertu de la grâce commune que Dieu accorde à tous les hommes, tout ce qui s'observe et s'étudie est *a priori* fondamentalement vrai parce que Dieu, Créateur de toute chose, permet aux hommes de connaître des choses.

Le problème de la connaissance n'est pas tant dans l'observation des choses que dans l'interprétation que nous en faisons. Le problème de la grâce commune dans le contexte

---

4 Jean Calvin, *Institution de la religion chrétienne*, II, 15 (Aix-en-Provence : éditions Excelsis, 2009), p. 217.

des écoles laïques réside dans le logos, dans le discours, dans l'interprétation. Quand l'homme parle de « découverte, » quand il découvre quelque chose en observant, il ne fait que soulever le voile qui, jusqu'à présent, recouvrait la beauté et la complexité de l'univers tel que Dieu l'a créé. Mais si le présupposé de base, c'est que Dieu n'est pas le Créateur de tout ce que nous pouvons observer et que tout ce que nous observons n'est que le produit d'une constante évolution darwinienne, notre « observation » ne pourra jamais déterminer avec certitude que ce que nous observons aujourd'hui est réel ou vrai. Dans la perspective d'une création en constante évolution, ce qui était réel et vrai hier n'est plus forcement réel et vrai aujourd'hui. L'interprétation ou le « discours » du dieu Laïcos devient alors la norme, le discours d'aujourd'hui et du maintenant, une interprétation de plus en plus en contradiction et en opposition avec le « discours » du Dieu créateur, éternel, transcendant et immuable. Malheureusement, cette contradiction ne semble pas déranger certains chrétiens déjà très touchés par le Laïcusvirus.

Le laïcusvirus se complaît dans la contradiction

En 1990, j'ai fondé et présidé l'École américaine de Lyon, une école internationale chrétienne préparant les jeunes au *Scholastic Assessment Test* pour leur permettre d'intégrer une université américaine. La Chambre de commerce de Lyon a fait un accueil enthousiaste à ce projet et nous a grandement soutenus. Je pense notamment à Raymond Barre, maire de Lyon à l'époque, qui avait compris que notre école permettait aux ressortissants étrangers, et notamment aux cadres des grandes multinationales, d'accepter un poste à Lyon. Tous nos professeurs étaient des chrétiens engagés et toute notre approche éducative était ouvertement chrétienne. Tout en respectant les convictions de nombreux élèves et de nombreux parents non-croyants, la scolarité proposée était fondamentalement chrétienne, ce qui nous permettait de présenter le programme de l'Éducation nationale dans une perspective chrétienne. Mais certains parents ne jurant que par le dieu Laïcos pour leurs enfants se sont plaints à ADERLY, branche de la Chambre de commerce de Lyon qui était aussi notre allié à l'époque. Un jour, un cadre haut placé de cette institution, homme très instruit et produit d'une grande école française, est venu me voir pour me dire : « Je suis catholique pratiquant et quand l'Église présente Dieu comme le Créateur, je suis en parfait accord elle. Et quand l'école laïque avance la théorie de l'évolution sans Dieu, je suis également en parfait accord. » Je lui ai demandé comment il expliquait une telle contradiction. Réponse : « La contradiction n'est pas importante. Tant qu'on sépare le domaine du spirituel du domaine scientifique, tout va bien. »

Que ce soit le dualisme entre la nature et la grâce de Thomas d'Aquin qui aura tenté toute sa vie de concilier les acquis de la philosophie grecque et la Parole de Dieu, ou que ce soit le Concordat entre l'Église et l'État pour « chercher ensemble par des concessions réciproques, à résoudre les problèmes de frontières entre le spirituel et le temporel, »[5] nous croyons fermement avec Saint-Augustin que le pouvoir temporel doit se soumettre au pouvoir spirituel et que seule la Parole de Dieu fait autorité comme fondement de toute forme d'éducation. Dieu se révèle à travers deux livres : celui de la révélation générale ou naturelle (Romains 1.19-20 et Psaumes 19.2-3) et celui de la révélation spéciale dans

---

5 Elsa Forey, *État et institutions religieuses : Contribution à l'étude des relations entre ordres juridiques* (Strasbourg : Presses universitaires de Strasbourg, 2007), p. 119.

laquelle il nous parle (2 Timothée 3.16). À propos de ces deux livres, Douglas Wilson écrit :

> Nous devons lire les deux livres : la révélation « naturelle » ou générale et la révélation spéciale, c'est-à-dire la « Bible, » en considérant que ces deux livres ont en commun le même auteur. Dans les deux cas, nous devons garder à l'esprit que, selon une règle herméneutique fondamentale, un passage qui n'est pas clair doit s'interpréter à la lumière d'autres passages beaucoup plus clairs, et non l'inverse.[6]

La science et la raison sont-elles en contradiction avec la Parole de Dieu ?

> Car en lui [Jésus] tout a été créé dans les cieux et sur la terre, ce qui est visible et ce qui est invisible, trônes, souverainetés, principautés, pouvoirs. Tout a été créé par lui et pour lui. Il est avant toutes choses, et tout subsiste en lui. (Colossiens 1.16-17, Nouvelle version Segond révisée)

Si le postulat de base, c'est que Dieu est le Créateur de toutes choses, qu'il se révèle et qu'il parle à travers sa révélation naturelle (ce que nous observons), nous pouvons raisonnablement en déduire qu'il se révèle plus particulièrement et plus directement à travers sa révélation spéciale (la Bible). Autrement dit, ces deux révélations ont le même au-

---

6 Douglas Wilson, *Why Christian Kids Need A Christian Education* (Athanasius Press, 2013), p. 41 (passage traduit par Francis Foucachon).

teur et ne se contredisent jamais.

À propos de Colossiens 1, Douglas Wilson écrit ceci :

> Pour le chrétien, le Christ doit être prééminent en toute chose. Remarquons qu'il n'est pas seulement prééminent dans le domaine spirituel ou théologique. Le Christ n'est pas « mis en quarantaine » : il est le Seigneur, ce qui signifie qu'il est le Seigneur de tout ce qui existe. C'est ce que confesse fondamentalement tout chrétien (Romains 10.9). Si nous confessons que le Christ est le Seigneur de la théologie mais pas le Seigneur de l'histoire ou le Seigneur de mon cœur mais pas le Seigneur de mes pensées, c'est en fait une façon subtile de le renier, tout simplement. Cela reviendrait à dire que Jésus est le Seigneur des montagnes mais pas le Seigneur des plaines (1 Rois 20.23). C'est ce genre d'erreur que font les païens. En fait, si Jésus est seulement prééminent dans un domaine et pas dans un autre, il n'est pas Seigneur du tout […] Tout subsiste en lui. Qu'est-ce que cela signifie ? Cela signifie que Jésus n'a pas seulement créé le cosmos (Jean 1.3) mais qu'il en également est le gardien.[7]

Comment peut-on parler d'éducation, de connaissances, de découvertes, d'études et interpréter ce que nous observons sans se référer au Créateur de cette horloge extraordinaire qu'est l'univers ? Pour le dire autrement, comment parler d'éducation et de véritables connaissances sans parler du Créateur ? Le théologien Hollandais Abraham Kuyper se plaisait de dire : « Il n'y a pas un centimètre carré dans toute

---

7 Ibid., p. 37.

la création au sujet duquel Jésus Christ ne proclame : C'est à moi ! Tout cela m'appartient. »

Dans notre monde postmoderne et postchrétien, le dieu Laïcos veut faire croire aux enfants de la nation que la science et la raison humaine sont les seuls instruments de mesure ultimes qui peuvent déterminer le vrai du faux, profitant ainsi de l'occasion pour dénigrer les enseignements dépassés d'une vieille église qui, avec l'histoire de Galilée, aurait déjà prouvé son incapacité de faire de la « vraie science. » En fait, comme Douglas Wilson l'écrit, l'église du 16e siècle n'était pas en conflit avec la science en tant que telle mais elle s'est retrouvée en porte-à-faux et coincée entre la vieille science et la nouvelle science de l'époque.[8]

Pour le théologien Jonathan Edwards, la vraie connaissance n'est pas, en définitive, une correspondance abstraite de notre pensée autonome mais une connaissance qui aligne ses pensées sur la connaissance de Dieu.[9] Cela signifie que, plus l'art ou la science se perfectionnent avec le temps, plus ces disciplines attirent notre attention sur le Dieu créateur, un peu comme une fusion.[10]

Avant l'apparition du Laïcusvirus, la norme était la scolarisation chrétienne

Les croyants de toute l'histoire de l'église avaient compris l'importance de la scolarisation chrétienne. Saint-Augus-

---

[8] *Why Christian Kids Need A Christian Education*, p. 40.

[9] Jonathan Edwards, "Of Insects"(vers 1723) in *The Works of Jonathan Edwards: Scientific and Philosophical Writings* (New Haven: sous dir. Wallace E. Anderson, Yale University Press, 1980), p. 341-342 (passage traduit par Francis Foucachon).

[10] Ibid., p. 397.

Chapitre 15

tin fut l'un des premiers à articuler une vision biblique du monde dans son fameux livre *La cité de Dieu*. Dans cette cité, la Parole de Dieu s'applique dans tous les domaines de la vie. Toute l'histoire de l'église est aussi l'histoire de l'instruction chrétienne. Tout a commencé dans les clos des monastères. Puis, sous Charlemagne, on a rajouté à la théologie l'enseignement de l'arithmétique, du chant, de la géométrie, de la grammaire, du grec et de la musique. Je descends des Vaudois, ces chrétiens qui, à partir du 12e siècle, furent constamment persécutés pour leur foi. À maintes reprises, les Vaudois ont été forcés de se déplacer et de se réfugier dans les montagnes et les vallées du Briançonnais jusque dans les hauts-plateaux du Piedmont. Même s'ils étaient constamment déracinés, partout où ils allaient, les Vaudois ont créé des écoles chrétiennes, comme ce fut le cas lors de la réforme protestante. Que ce soit Luther, Melanchthon, Bucer, Calvin, Lefèvre d'Étaples, Farel et bien d'autres encore, tous ces géants étaient convaincus qu'on devait non seulement créer de nouvelles paroisses mais aussi des écoles chrétiennes. Si vous allez à Genève et si vous visitez ce qui reste de l'ancienne Académie de Calvin, levez les yeux et regardez ce qui est écrit sur la clef de voûte du bâtiment : « La crainte de l'Éternel est le commencement de la sagesse. » (Proverbes 1.7) Dieu et sa Parole étaient au centre de toute la scolarisation et ce jusqu'à la Révolution française.

Comme je l'ai mentionné un peu plus tôt, les écoles de l'État sont devenues le fief du Laïcusvirus. Les « progressistes » ont carte blanche pour imposer à nos enfants une pensée qui s'oppose radicalement à la Parole de Dieu et à la pensée chrétienne. Bref, c'est une guerre ouverte qui a été déclarée au christianisme et cette guerre commence dans le monde des idées (elle pénètre dans les cœurs réceptifs des enfants que Dieu nous a confiés).

C'est aux parents, et non à l'État, qu'incombe la responsabilité d'enseigner les enfants. C'est Dieu qui nous a confié ces enfants pour un temps (un quart de leur vie environ) et, comme dans la parabole des talents, il demandera des comptes à ceux qui les ont éduqués.

Quelles sont les options qui s'offrent aux parents français d'aujourd'hui qui ont la responsabilité et le devoir d'éduquer leurs enfants, de les guider et de leur transmettre la foi par le biais d'une scolarisation chrétienne ? C'est à cette question que répond le chapitre suivant, chapitre dans lequel nous allons examiner les enjeux qui attendent les chrétiens du 21e siècle qui veulent rester fidèles à la Parole de Dieu.

CHAPITRE 16

Vivre au présent et bâtir pour l'avenir de nos enfants

Si nous résistons au Laïcusvirus en fondant un foyer chrétien, cette résistance aura des conséquences qui iront bien au-delà de notre court pèlerinage sur cette terre. En tant que chrétiens, notre responsabilité est de construire pour que ça dure.

De 1980 à 1983, alors que je travaillais en Floride dans le domaine du bâtiment, j'ai retenu une leçon très importante : le principe du « vite fait bien fait » est un oxymore. Construire pour que ça dure, c'est un investissement qui demande du temps et d'argent. Malheureusement, que ce soit dans la construction de nouvelles maisons, la fabrication de voitures ou la conception d'appareils électro-ménagers, on produit de plus en plus de choses sans chercher à savoir si ça va durer !

Quel contraste avec les fameuses pyramides de Gizeh, l'une des structures les plus imposantes au monde ! Il paraît qu'il a fallu cent mille hommes pour les construire et, à ce jour, le tombeau du pharaon Khéops est toujours intact. Et que penser de la Grande Muraille de Chine, la plus large structure la plus large du monde qui s'étend sur plus de 6000 kilomètres ? À l'époque, on construisait pour l'avenir et pour que ça dure.

Le roi Salomon, qui a construit le temple de Jérusalem, fut aussi l'un des grands bâtisseurs de l'histoire (il construisait pour que ça dure). Pourtant, lors de la dédicace du temple, ce qui le préoccupe, ce n'est pas tant la solidité et la beauté du temple mais l'obéissance du peuple dans la durée. Dans 1 Rois 8.61, Salomon résume ce qu'il souhaite par-dessus tout dans cette exhortation : « Que votre cœur soit tout entier à l'Éternel, notre Dieu, comme il l'est aujourd'hui, pour marcher selon ses prescriptions et pour observer ses commandements. » (Nouvelle version Segond révisée)

Au verset 27, Salomon rappelle que le temple, aussi glorieux soit-il, ne peut contenir la présence de Dieu, qui n'est pas dans les pierres d'un temple mais dans le cœur de ceux qui se rassemblent pour l'adorer. Ce qui va durer, ce qui est éternel, ce sont les pierres vivantes de ce temple : « Approchez-vous de lui, pierre vivante, rejetée par les hommes, mais choisie et précieuse devant Dieu ; et vous-mêmes, comme des pierres vivantes, édifiez-vous pour former une maison spirituelle. » (1 Pierre 2.4, Nouvelle version Segond révisée)

Les pierres parlent, nous dit-on ! Mais que peuvent bien nous dire des pierres mortes ? Que savons-nous du pharaon Khéops enterré dans ces immenses pyramides et de Qin Shi Huang, qui est à l'origine de la construction de la muraille de Chine ?

Pour la majorité d'entre nous, Khéops et Qin Shi Huang restent et resteront d'illustres inconnus. Lors de la dédicace du temple, Salomon se soucie avant tout des pierres vivantes qui composent ce temple et qui sont appelées à parler plus

Chapitre 16

fort que des pierres mortes. Ce qui l'intéresse, c'est le vrai bâtiment, l'Église, qui est constituée de familles avec lesquelles Dieu a conclu une alliance. Ces pierres vivantes vont-elles durer aussi longtemps que les murs du temple ? Le peuple se souviendra-t-il de l'alliance que Dieu a conclue avec lui ? Va-t-il garder son cœur plus que tout autre chose ?

Pourquoi Salomon parle-t-il autant de cœurs entièrement consacrés à l'Éternel ? Parce qu'un cœur qui n'est pas totalement consacré à l'Éternel, c'est un cœur partagé et un cœur partagé, c'est un cœur qui compartimente les différents domaines de la vie en séparant le spirituel du temporel comme si certaines choses concernaient Dieu et d'autres ne le concernaient pas. L'apôtre Paul rappelle aux Athéniens que le Dieu qui a créé le monde et tout ce qui s'y trouve est le Seigneur du ciel et de la terre (Actes 17.24). Autrement dit, Dieu est le Seigneur de tout ! En tant que roi, il rachète et sauve son peuple en lui accordant la foi, il le dirige en lui donnant des directives précises dans sa loi, et il confie aux parents chrétiens la responsabilité de transmettre cette loi à leurs enfants.

Comment pouvons-nous assurer la longévité du vrai temple de l'Éternel qu'est l'église chrétienne ? Comment pouvons-nous préparer les pierres vivantes de l'église de demain pour qu'elle dure et parle aux prochaines générations ? En priant que le plus grand nombre de familles chrétiennes aient des cœurs entièrement consacrés à l'Éternel.

Comme nous l'avons vu dans les chapitres précédents, le point de départ se trouve dans Deutéronomes 6.6-7 :

> Et ces paroles que je te donne aujourd'hui seront dans ton cœur. Tu les inculqueras à tes fils et tu en parleras quand tu seras dans ta maison, quand tu iras en voyage, quand tu te coucheras

et quand tu te lèveras. Tu les lieras comme un signe sur ta main, et elles seront comme des fronteaux entre tes yeux. Tu les écriras sur les poteaux de ta maison et sur tes portes.

Pour construire quelque chose dans la durée, il faut que les parents prennent au sérieux les plans de l'architecte de la vie et les suivent à la lettre.

Combien de temps va-t-on consacrer à la construction la plus importante de nos vies ?

Combien de temps reste-t-il après l'école, le sport, les cours de musique, les amis, les devoirs, la vaisselle, le journal de 20 heures et une bonne dose de fatigue à la fin de la journée ? Combien de temps reste-t-il aux parents pour inculquer la Parole de Dieu a leurs enfants comme Dieu l'exige ?

Comme je l'ai dit un peu plus tôt, en hébreu, le verbe « inculquer » signifie aiguiser, transpercer ou passer à travers un objet. Inculquer à nos enfants la Parole de Dieu implique que cette Parole pénètre leur cœur.

C'est ce qu'indique le sage quand il écrit : « Instruit l'enfant selon la voie qu'il doit suivre, et quand il sera vieux, il ne s'en détournera pas. » (Proverbes 22.6)

Mais le fait d'instruire nos enfants selon la Parole de Dieu implique beaucoup plus qu'un simple enseignement didactique. Orienter nos enfants revient certes à leur enseigner les voies de Dieu mais aussi à leur montrer que nous sommes nous-mêmes pleinement consacrés à Dieu. Ce que nous sommes et ce que faisons aura beaucoup plus d'impact que ce que nous disons !

Parfois, les non-chrétiens nous permettent d'apprendre

certaines choses. Un jour, j'ai lu l'histoire d'un pasteur en mission en Inde qui observait une femme et ses deux enfants au bord du Gange, fleuve sacré du pays. Cette femme regardait dans l'eau et portait dans ses bras un enfant mourant. À côté d'elle se trouvait un autre enfant qui, lui, était en pleine forme. Le pasteur, qui connaissait les coutumes religieuses et les superstitions du pays, savait exactement ce que cette femme avait en tête : elle s'apprêtait à offrir un sacrifice à ses dieux en jetant son fils aux crocodiles sacrés. Le pasteur s'empressa d'aller vers elle et essaya par tous les moyens de l'en dissuader en lui parlant du sacrifice unique du Christ dont la mort était suffisante pour nous réconcilier avec Dieu. Finalement, ce pasteur a dû partir. Une heure plus tard, il est revenu sur les lieux et a constaté que la femme était toujours là avec son enfant malade dans ses bras. Par contre, son autre enfant n'était plus là ! Elle regarda le pasteur et lui dit : « J'ai jeté mon garçon aux crocodiles sacrés. Je devais faire cette offrande à mes dieux. » Le pasteur fut bouleversé. Même s'il était trop tard, il voulut savoir pourquoi cette femme avait choisi de sacrifier son enfant bien portant. Elle se leva d'un trait et répondit : « Nous, monsieur, nous offrons le meilleur à nos dieux... »

Chers lecteurs, Dieu ne nous demande pas de sacrifier nos enfants au dieu de ce siècle (le Laïcusvirus). Pourquoi ? Parce qu'il a lui-même pourvu au sacrifice par excellence, au sacrifice de son propre Fils, Jésus-Christ, qui était parfait et qui a satisfait à toutes les exigences d'un Dieu à la fois parfaitement juste et trois fois saint. En revanche, en recevant sa grâce et sa miséricorde, il nous demande de nous sacrifier pour nos enfants et nos familles. Nos enfants sont des cadeaux de Dieu, des créatures merveilleuses qui ont besoin de protection, de formation et d'instruction chrétienne pour devenir des hommes et des femmes de Dieu qui, bien préparés pendant ces années cruciales de formation du caractère, feront plus tard trembler les dragons au service du Laïcusvirus.

Je suis conscient de la complexité à laquelle doivent faire face les chrétiens francophones et notamment ceux qui vivent en France, en Suisse et en Belgique. J'ai moi-même participé à la création de deux écoles chrétiennes en France : la Nouvelle Alliance à Aix-en-Provence, école qui existe toujours, et l'École américaine de Lyon qui a malheureusement dû fermer ses portes. Suite à l'épidémie du coronavirus et aux mesures drastiques de nos gouvernements qui s'immiscent dans nos familles pour contrôler nos vies et en particulier la vie de nos enfants, avec celles et ceux qui nous ont précédés et qui sont restés fidèles à la Parole de Dieu, nous devons apprendre à être « prudents comme des serpents et simples comme des colombes. » (Matthieu 10.16)

La solution consiste peut-être à inscrire nos enfants dans des établissements scolaires protestants évangéliques. Vous pouvez trouver la liste des établissements scolaires protestants évangéliques francophones sur Internet puis tout faire pour vous rapprocher de ces lieux de scolarisation.[1]

Une autre solution consiste peut-être à faire l'école à la maison, un choix que notre famille a fait depuis longtemps. Par la grâce de Dieu, nos enfants, qui sont tous adultes aujourd'hui, suivent tous fidèlement le Seigneur et ont épousé des chrétiens dont la vision du monde est en accord avec la Parole de Dieu. Alors que je suis en train d'écrire ce livre, j'apprends qu'un projet de loi est proposé à l'Assemblée nationale pour interdire l'école à domicile et que les écoles chrétiennes vont devoir faire face à toutes sortes de nouvelles restrictions. Je n'ai pas la recette miracle qui nous permettra

---

1 http://assoroc.chez-alice.fr

de régler tous ces problèmes. Je ne peux que vous encourager à faire tout ce qui est en votre pouvoir pour que votre foyer, les enfants que Dieu vous a confiés, soient instruits et éduqués selon les normes du Créateur. Peu importe le coût. Comme on dit en français, le jeu en vaut la chandelle.

Conclusion

Je suis bien conscient que je suis loin d'avoir tout dit sur les dangers et les ravages que le Laïcusvirus a faits dans les familles chrétiennes. Je sais aussi qu'il y aurait beaucoup plus de choses à dire sur le couple et la famille chrétienne. Remettre les pendules à l'heure de la vérité objective de la Parole de Dieu n'est pas chose facile dans une société qui transmet des valeurs de plus en plus païennes à la vitesse de la 5G ! Au risque d'avoir été trop simple et de ne pas avoir répondu à toutes les questions que les chrétiens se posent, j'aimerais inviter celles et ceux qui lisent ce livre à réfléchir et à chercher la face de Dieu à partir de sa Parole, afin de bien vivre dans le présent pour bâtir les temples vivants que seront les familles chrétiennes qui seront le socle de la société de demain.

Permettez-moi de conclure en citant cette bénédiction que l'apôtre Paul adresse aux chrétiens de Rome qui étaient, comme nous le sommes aujourd'hui, persécutés pour leur foi :

> Béni soit Dieu ! Il a le pouvoir de vous rendre fort dans la foi, conformément à la Bonne Nouvelle que je prêche. Elle est le message de

Jésus Christ et dévoile le plan de Dieu, tenu secret pendant les siècles passés et qui s'accomplit de façon manifeste de nos jours. Comme l'a ordonné le Dieu éternel, il est porté par les écrits des prophètes, à la connaissance de tous les peuples pour qu'ils soient amenés à lui obéir en croyant. A ce Dieu qui seul possède la sagesse soit la gloire, de siècle en siècle, par Jésus Christ, Amen. (Romains 16.25-27)

Que la grâce de Dieu soit avec vous tous. Amen !

Le Contenu

À propos de l'auteur ix

Avant-propos, Dr Peter Jones xi

Préface, Daniel Foucachon xiii

Introduction, Francis Foucachon xix

Chapitre 1
La laïcité : religion d'État 1

Chapitre 2
La norme biblique du mariage 17

Chapitre 3
Le mariage selon la Bible 37

Chapitre 4
L'ordre chronologique de l'institution
du mariage 47

Chapitre 5
Le mariage 4x4 57

Chapitre 6
Le rôle de l'homme dans le couple 69

Chapitre 7
Le rôle de la femme   85

Chapitre 8
La résolution des conflits dans le couple   97

Chapitre 9
Divorce et remariage dans la Bible   101

Chapitre 10
Le célibat est un don   107

Chapitre 11
L'éducation des enfants   113

Chapitre 12
Les trois périodes principales de l'enfance   121

Chapitre 13
Les disciplines de la foi   127

Chapitre 14
Discipline parentale et formation du caractère
de nos enfants   131

Chapitre 15
La scolarisation chrétienne   149

Chapitre 16
Vivre au présent et bâtir pour l'avenir de
nos enfants   163

Conclusion   171

www.ingramcontent.com/pod-product-compliance
Lightning Source LLC
Chambersburg PA
CBHW062038120526
44592CB00035B/1244